사장을 위한
회계

KB066433

CEO의 서재 · 27

회계를 모르고 절대로
경영하지 마라!

사장을 위한
회계

야스모토 다카하루 지음

김정환 옮김

센시오

ACCOUNTING
FOR
THE **BOSS**

사장을 위한 회계는
따로 있다

사장은 회사의 운명을 손에 쥔 사람이다. 규모에 상관없이 회사의 흥망성쇠는 사장의 자질에 따라 그 운명이 뒤바뀐다. 그것은 100년 비즈니스 전통이 무너진 언택트untact 사회에서도 마찬가지다. 시대가 변한다고 해서 운명의 주인공이 바뀌는 것은 아니다. 오히려 세상이 불확실한 만큼 사장의 역량이 더 절실히 요구되는 법이다. 그렇다면 사장은 확실한 성과를 내기 위해 무엇을 준비하고, 어떤 무기를 가져야 할까?

나는 사장에게 가장 필요한 무기는 회사에서 일어나는 모든 일을 '회계적 관점'에서 생각하는 것이라 말하고 싶다. 나는 이것을 '회계 마인드'라고 표현한다. 사장의 회계 마인드는 회사의 생존 여부를 결정한다.

회계는 돈의 흐름을 관리하는 모든 과정을 일컫는다. 사장의 모든 선택과 결정은 회계적 사고 체계에 근거해야 한다. 경영의 목표는 이익 창출에 있기 때문이다. 선구적 업적을 남긴 사장들은 회계 마인드를 기반에 두고 사업을 진행했다. 스티브 잡스Steve Jobs는 신규 제품을 기획하는 회의에 회계 부서를 반드시 참여시켰다고 하지 않던가.

회계 마인드는 비즈니스를 할 때 반드시 도움이 된다. 회계 마인드는 비즈니스 활동 전 분야에서 합리적인 의사결정을 이끌어내고, 현장의 문제를 해결한다. 나는 세상 모든 사장에게 이 사실을 알리고자 이 책을 썼다. 회계감사인으로 일해온 경험과 경영 컨설팅을 하며 사장들에게 전수해온 모든 노하우를 이 책에 담았다. 이 책을 읽고 회계 마인드를 비즈니스에 활용한 결과, 경영 위기를 딛고 재건에 성공할 수 있었다는 사장들의 이야기를 들으면 가슴이 벅차오른다.

회계 마인드를 소유한 사장만이 부를 거머쥔다

위기에 빠진 사장들을 성공으로 이끄는 '회계 마인드'란 무엇일까? 그것은 수익을 내기 위해 무엇을 어떻게 해야 하는지를 끊임없이 생각하면서 행동하는 것이다. 수익을 내고 싶은 사장이라면, 회계 마인드에 근거해서 계획하고Plan, 실행하며Do, 검증하고Check, 다시 실행한다Action는 이른바 '회계 PDCA'를 지금 당장 실행해야 한다. 회계를 아는 사장은 반드시 최상의 부를 거머쥘 것이다.

회계 마인드는 절대로 어려운 것이 아니다. 그러나 비즈니스의 현장을 가보면 회계 마인드를 소유하지 못한 사장이 많고, 회계 마인드에 어긋나는 행동을 하는 것을 쉽게 발견할 수 있다. 참으로 안타깝다.

이익이 나지 않는 회사 사장들의 공통점은 과거에 회계 마인드가 없었다는 것이다. 그들은 숫자를 의식하지 않고, 심지어 회사의 가계부이자 경영 성적표라 할 수 있는 결산서를 제대로 이해하지 못했다. 회사의 재정은 흔들렸고, 예산을 확보하지 못했으며, 비용 역시 관리하지 못했다. 그렇게 회사의 운명은 사장에 의해 흔들리고 있었다.

회계 마인드가 결여된 사장의 경우, 그 아래 있는 직원 역시 숫자에 약하기는 마찬가지다. 상사에게 좋은 평가를 받은 사원도 회계 마인드를 갖기 전에는 평소 업무에서 숫자를 멀리하기 마련이다. 현장의 많은 사원이 매출을 의식하지만, 이익에 대한 이해가 부족해서 필요 이상으로 상품의 단가를 할인하는 바람에 손해를 본 사례도 적지 않다. 또한 매출 목표를 달성하지 못했는데 숫자를 활용해서 그 원인을 분석하지 못하는 최고 경영자도 있다. 회계상의 '예산'을 자신들이 쓸 수 있는 금액의 최대치라고 오해하는 경영층도 있다.

이렇듯 사장이 회계 마인드를 갖지 않으면, 그 파장은 회사의 존망을 흔드는 방향으로 끝없이 소급된다. 불행한 사실이지만 업무 현장에는 기본적인 회계 지식이 부족한 사람들이 많다. 이 책의 일차적인 효용은 업무 현장에서 요긴한 필수 회계 지식을 습득할 수 있다는 것이다.

업무 역량을 극대화하는 회계 마인드에 주목하라

회계 마인드가 분명한 사장은 직원들에게 반드시 회계를 가르친다. 회계 지식이 결여된 직원들은 자신의 업무 역량을 객관화시키지 못하기 때문이다. 쉽게 말하면, 회계 마인드를 가지고 비즈니스 활동을 하지 않으면 회사에 불만이 늘어나는 경향이 있다. '급여가 적다', '가혹한 목표를 할당한다', '경비를 못 쓰게 한다', '사장만 돈을 펑펑 쓴다' 등등…. 불만이 쌓이다 보니 업무 의욕이 오르지 않는다는 이야기를 종종 듣는다.

회계 마인드를 장착하면 이런 문제는 금방 해결할 수 있다.

1장에서는 이 문제를 구체적으로 다룰 것이다. 이 책은 체계적인 회계 이론서라기보다는 회계 입문서이자 실무서다. 사장, 직원, 회계사의 대화를 통해 회계 마인드가 부족한 탓에 일어나는 문제, 품게 되는 의문을 재구성했다. 독자 여러분이 조금이라도 회계 마인드에 흥미를 느꼈으면 하는 바람으로 이런 서사 방식을 선택했다.

이 책을 처음부터 끝까지 단숨에 읽을 필요는 없다. 먼저 대화를 읽고 재미있다 싶으면 본문도 읽기 바란다. 그런 식으로 읽어도 무방하다. 직원과 사장의 대화를 읽고 '맞아, 맞아'라며 공감하고, 그다음에 이어지는 해설을 읽고 '그런 것이었구나'라고 수긍하기를 기대한다.

독자 여러분이 이 책을 즐겁게 읽으며 '이런 식으로 회계 마인드를 활용해보면 어떨까?'라고 스스로 생각한다면 저자로서 그보다 기쁠 수는 없을 것이다. 그 생각을 행동으로 옮겨 업무 성과를 올린다면 그 기쁨은 더욱 커질 것이다.

목차

들어가는 말
사장을 위한 회계는 따로 있다 • 5

회계를 모르고
사장 하지 마라

01 오직 회계를 아는 자만이 사장의 자격이 있다 • 16

02 회계 시스템을 구축하지 않았다면 성장을 기대하지 마라 • 23

03 일류 사장은 회사 회계장부를 장악한 사람 • 29

04 직원 월급의 가치를 올리는 사장이 진짜다 • 37

05 사장이 숫자를 운용하면 생산성이 오르는 이유 • 44

06 직원을 설득하는 사장이 가진 결정적인 한 방은? • 52

07 직원 태반이 '회알못'이면 매출이 늘어날 리 없지 • 58

ACCOUNTING
FOR
THE BOSS

2장

잘 팔리고 있는데
왜 이익이 적을까?

01 무리하게 파이를 키운 사장이 폭망하는 3가지 이유 • 66

02 이익이라고 다 같은 게 아니야! 사장이 알아야 할 5가지 이익 • 76

03 잘 팔리고 있는데 왜 이익이 적게 날까? • 87

04 거래처의 호구가 되지 않는 절대 기준, 한계이익 • 95

05 사장이 회계를 모르면 리스크가 두려운 법 • 105

06 최소한 1년 치 먹거리는 깔고 있어라! 예산의 의미 • 110

07 똑똑하게 분배하는 사장이라야 일 잘하는 직원이 남는다 • 118

08 사장이 알아야 할 '좋은' 적자와 '나쁜' 적자의 차이 • 125

| 원포인트 회계 |

'회계 마인드'를 활용하고 있는 현장의 사례 • 130

(3장)

사장이 굳이 벤츠를 타는
이유는 무엇일까?

01 비용 감각이 없는 사장은 사장이 아니다 • 140

02 자기계발비의 함정에 빠지지 않는 4가지 체크포인트 • 146

03 새나가는 회삿돈의 행방을 사수하라! 경비와 손금의 차이 • 151

04 사장이 회사 살림살이를 함부로 들일 수 없는 이유 • 158

05 사장이 굳이 벤츠를 타는 이유는 무엇일까? • 163

06 얼굴 붉히지 않고 실속 챙기는 비용 절감의 기술 • 170

07 쓸데없는 혼돈을 줄이려면 돈의 단위를 고정하라 • 176

4장

결산서를 못 읽는 사장은 샐러리맨일 뿐이다

01 일 잘하는 사장이 외워야 할 재무상태표의 의미 • 182

02 결국 중요한 것은 순이익이라는 것을 잊지 마라 • 195

03 사장이 돈을 빌려야 할 때 vs 빌리면 안 될 때 • 199

04 사장님, 흑자여도 부도날 수 있다니까요 • 206

05 무시무시한 인건비를 줄이는 알짜 팁 • 213

06 직원의 잠재 능력을 최대치로 끌어올리려면 • 218

07 사장의 경영 성적표를 미리미리 관리하라 • 223

08 숫자에 강한 사장은 혁신의 주인공이 된다 • 228

나가는 말
회계라는 안전벨트를 매고 새로운 부를 창출하라 • 235

ACCOUN

FOR THE BOSS

비즈니스 현장에서 회계 마인드는 생존 무기라 할 수 있다. 특히 사장은 모든 회사 일에 회계 마인드를 가지고 움직여야 한다. 회사의 전 직원, 심지어 사장까지 회계 마인드가 없는 탓에 비즈니스 현장에는 문제가 산더미처럼 쌓여 있다. 1장에서는 실제 현장의 문제가 무엇이고, 사장이 회계 마인드를 갖추면 이 문제 상황을 어떻게 극복할 수 있는지 살펴보겠다.

TING

1장

회계를 모르고
사장 하지 마라

01

오직 회계를
아는 자만이
사장의 자격이 있다

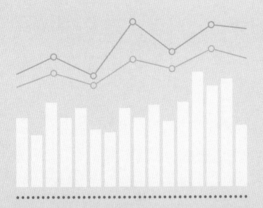

당신은 현직 사장이다. 당신은 회계를 얼마나 알고
있는가? 회사를 운영하고 있지만 회계를 잘 모르는
사장도 적지 않다. 회계가 왜 중요한지는 알겠는데,
지금까지 회계 지식 없이도 회사를 잘 운영해왔다
고 생각할 수 있다. 회계를 공부한다고 해서 과연 조
직에 극적 변화가 찾아올까? 사장이 회계 마인드를
가질 때 얻을 수 있는 효용은 무엇일까?

사장	회계사님, 오늘은 이 친구와 이야기를 나눠 주시지 않겠습니까? 3년 차 사원입니다.
사원	안녕하세요, 회계사님. 사장님께서 회계 마인드를 갖춰야 한다고 말씀하셔서 오기는 했습니다만….
회계사	그렇군요. 갑자기 회계 마인드를 갖추라고 하니 당황스러웠지요?
사원	솔직히 그렇습니다. 저는 평사원이라 당장 제가 맡은 업무를 처리하기도 벅차고, 회계 마인드는 경리부나 회계 담당자들이 가져야 하는 거 아닌지 싶고요….
회계사	글쎄요, 시야를 더 넓게 갖는 것이 어떨까요. 영원히 평사원으로 남고 싶은 건 아니잖아요?
사원	물론입니다. 빨리 승진해서 높은 자리에 오르고 싶어요. 능력을 인정받고 싶고요.
사장	회사도 자네 같은 사원이 승진을 목표로 열심히 노력해서 더 중요한 일을 맡길 수 있기를 바라네.
회계사	회사에서 높은 자리에 올라 중요한 일을 맡게 된다는 것은 돈 관리를 위임받는다는 의미입니다. 회계 마인드를 갖기 위해 노력하지 않고, 내 일이 아니라고 생각한다면 동기들에게 추월당하거나 도태되겠지요. 그걸 원하는 것은 아니지요?

●

사장의 모든 의사 결정에는
회계가 관여한다

일반적으로 학교를 졸업하고 사회로 나간 사회 초년생 대부분은 취업을 선택한다. 창업하거나 부모의 사업을 이어받는 경우를 제외한다면 말이다. 상당수의 사회 초년생이 주어진 업무를 처리하고 급여를 받아서 생활하는 것이다.

입사 초기에는 아무것도 모르는 상태이므로, 자신의 업무가 무엇에 어떻게 도움이 되는지 알지 못한 채 그저 상사의 지시대로 눈앞의 업무를 열심히 처리한다. 그러는 가운데 서서히 자재 매입처나 외주처를 파악하고, 사내에서 어떤 부서와 본사 공장이 협력해 제품을 완성시키며, 그 제품이 어떤 도매 업체를 거쳐 어떤 소매점에서 팔리는지, 이른바 서플라이체인 supply chain 전체를 알게 된다. 어떤 회사와 경쟁하는지도 알게 된다.

창업 사례도 생각해보자. 설령 여러분이 창업할 생각이 없더라도 상상해보기 바란다. 거래처 사장을 설득하려면 경영자의 심리를 이해하는 편이 유리하다.

유능한 사장은 숫자에 강하다

당신이 라면집 사장이라고 가정해보자. 당신은 어떤 거리에,

어떤 빌딩의 몇 층에, 어느 정도 넓이에, 임대료는 어느 정도인 장소에 라면집을 열겠는가? 어떤 주방 설비를 갖추고, 테이블은 몇 개로 하겠는가? 어떤 맛의 라면을 얼마에 제공하겠는가? 어디에서 어떤 재료를 매입해 무엇을 만들겠는가? 아르바이트는 시급을 어느 정도로 설정해서 몇 명을 고용하겠는가? 자기 사업을 하려면 생각해야 할 것은 산더미처럼 많다. 그리고 결정해야 하는 모든 사항이 숫자와 관련이 있다.

이 사업이 안착해서 지속 가능한지 아닌지는 채산이 맞는가, 즉 이익이 나는가에 달려 있는데, 이를 판단하기 위한 수단 역시 숫자다.

한 그릇의 평균 가격이 8,800원(100엔당 1,000원으로 환산 — 편집자)이고 원가율이 30퍼센트인 라면을 매달 22일, 하루에 70그릇씩 판다고 가정해보자. 1개월의 매출액은 1,355만 2,000원, 매출원가는 406만 5,600원이며 매출총이익은 948만 6,400원이다. 여기에서 임대료 400만 원과 인건비 450만 원, 주방 기기의 리스 요금 50만 원을 지급하면 나머지(영업이익)는 48만 6,400원으로 50만 원에 약간 못 미치는 금액이다.

여기에서 신용카드의 결제수수료나 광고 사이트 등록 수수료가 증가하거나 인재 채용비가 상승하면, 이익이 제로 이하로 떨어져 적자를 볼지 모른다. 이래서는 먹고 살 수가 없다. 어딘가에서 지출을 줄이거나 하루에 70그릇 이상을 팔 수 있도록 궁리해야 한다. 가급적 돈을 들이지 않고 입소문이나 SNS 등을 이용해서 홍보해야 한다.

하루에 100그릇을 팔 수 있다면 한 달에 450만 원의 영업이익이 생긴다. 판매량이 증가함에 따라 요리 준비와 접객을 위해 아르바이트생의 수를 늘려야 할지 모르지만, 이 정도면 사업의 전망이 서고 사업을 장기적으로 지속할 수 있다.

이처럼 숫자는 모든 의사결정에 관여한다. 숫자에 약하면 아무리 작은 규모라 할지라도 가게 운영이 어렵다는 것을 이제 이해할 수 있을 것이다.

위기에 무너지지 않는 사장의 업무 비밀

사장이 숫자에 약해도 사업이 번창하는 사례가 있는데, 그런 케이스는 오히려 위험할 수 있다. 사업에는 반드시 사이클이 있어서 사업이 부진한 시기가 어느 사업가에게나 찾아온다. 그런데 숫자에 약한 사장은 사업이 한창 잘 될 때의 숫자를 기록해놓지 않기 때문에 왜 사업이 부진에 빠졌는지 분석하지 못한다. 다시 말해 신속하게 대책을 내놓지 못하는 것이다.

숫자에는 속임수가 통하지 않는다. 앞에서 이야기했듯이, 숫자는 타인을 설득할 때도 도움이 되며 자사의 경영 성적을 분석할 때도 참고자료가 된다. '5년 후에 매출액 1,000억 원 기업 지향'이라는 성장 목표를 사원에게 제시하거나 그 목표를 달성하기 위해 진척 상황을 관리할 때도 숫자는 틀림없이 유용하다.

어떤 사업을 하든, 사장이든 평사원이든, 비즈니스에 관여하고 있는 사람은 회계 관련 숫자에 강해져야 한다. 그러기 위해 이 책을 읽고 또 읽기 바란다. 그러다 보면 회계 마인드가 몸에 배어 자연스럽게 매사를 숫자로 파악하고 분석하며 행동의 잣대로 삼을 수 있다.

회계 마인드를 갖추면 출세보다 훨씬 중요한 것이 보일 것이다. 즉 여러분이 지향해야 할 길이 보이기 시작할 것이다. 출세는 자연스럽게 따라오는 부차적 소득이다. 물론 출세하는 것이 전부가 아니고, 인생의 선택지는 훨씬 다양하다고 생각하지만, 출세하면 회사에서 신분이 상승하고 급여가 오르며 업무의 질이 향상되는 것이 사실이다. 출세할수록 더 많은 사람과 인간관계를 맺게 되고 장래가 더 밝아지는 것 역시 사실이다. '높은 곳에서 바라보는 광경은 정말 멋지구나!' 이렇게 생각할 날이 찾아올 것이다.

사람이 살아가기 위해서는 네 가지 욕구가 필요하다고 한다. 식욕, 성욕, 수면욕은 금방 떠오를 것이고, 나머지 하나는 바로 지식욕이다. 사람은 살기 위해 공부한다. 여러분은 지금까지 다양한 종류의 지식욕을 충족시키면서 살아왔겠지만, 앞으로는 회계 마인드도 지식의 대상에 추가하기 바란다.

살다 보면 수많은 어려움과 맞닥뜨리기 마련이다. 중국의 역사서인 《사기》의 한 대목이다. "화禍와 복福은 꼬아 놓은 새끼줄과 같다." 고난과 행복은 동전의 양면처럼 한 세트로 주로 연속해서 일어난다. 회계 마인드는 녹록지 않은 인생을 살아가는 데 도움을 주는 지혜, 혹은 도구다. 회계 마인드가 몸에 배면 설령 고난이 이어지더라도 그 고난에서 빠져나올 방책이 보이고, 반드시 행복이 찾아올 것을 믿고 열심히 노력할 수 있다.

02

회계 시스템을
구축하지 않았다면
성장을 기대하지 마라

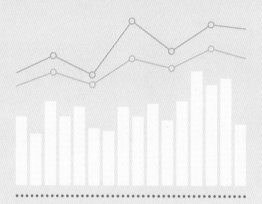

어느 중소기업의 회의실. 사장은 최근 들어 매출이
신통치 않고 직원 대부분이 활기가 없어서 고민이
다. 사장의 정면에는 공인 회계사이자 경영 회계사
인 이 책의 저자가 앉아 있다. '회계사에게 회사에
활기가 있느니 없느니 하는 문제를 상담한다고 해
서 실질적인 조언을 들을 수 있을까?'라고 생각하
면서도 사장은 회계사에게 말을 걸었다.

사장	요즘 회사의 사원들이 통 활기가 없습니다.
회계사	어떤 대책을 실행하셨나요?
사장	위기감이 부족하다고 생각해 월별 결산서를 매달 한 번씩 사원 모두에게 보여주고 목표 매출액 달성률을 강조하고 있습니다.
회계사	효과는 있었나요?
사장	아니요. 실적이 하락하고 매출액이 감소했다고 말해도 사원들이 당사자의식이나 위기감을 전혀 느끼지 않더라고요.
회계사	그렇군요…. 사원들에게 월별 결산서를 보는 방법이나 각각의 숫자에 어떤 의미가 있는지 제대로 가르치고 있나요?
사장	그 정도는 당연히 혼자 공부하고 이해해야 하는 거 아닌가요?
회계사	사장님은 회계 공부를 언제 시작하셨나요?
사장	예산을 관리하면서 공부하기 시작했습니다.
회계사	회사는 신입 사원에게 비즈니스 예절이나 매뉴얼은 가르쳐도 회계에 관해서는 가르치지 않는군요. 경영층이나 관리직의 생각이 사원들에게 전해지지 않는 원인은 사원들에게 회계 마인드가 부족하기 때문인지도 모르겠습니다.

●

사원 탓하지 말고
회계 마인드 시스템을 구축하라

사장은 사원들이 활기가 없다고 말했지만, 매일 의욕이 넘치는 사람이 과연 있을까? 인간에게는 누구나 바이오리듬이 있다. 나 또한 의욕이 나지 않는 날이 있다. 몸 상태가 좋지 않을 때 특히 그렇지만, 몸 상태가 좋을 때도 태엽이 풀려서 누가 감아 줬으면 좋겠다는 생각이 드는 날이 있다.

인간은 본래 게으른 동물이다. 일하는 중에도 집중력이 끊어지면 멍해지거나 마음이 해이해지기 마련이다. 회사는 생산성이 떨어지지 않도록 시스템을 만들어야 한다. 다만 그런 시스템은 하루아침에 완성되지 않을 것이다.

이럴 때 필요한 것이 바로 '회계 마인드'다.

사장은 나무뿐 아니라 숲을 봐야 한다

나는 지금까지 수많은 회사의 회계 컨설팅을 해왔는데, 사원의 의욕이 낮은 회사에는 어떤 공통점이 있었다. 바로 회계 마인드가 부족하다는 것이다.

이런 회사의 사원 대부분은 결산서의 회계를 등한시하며 잘 이해하지 못한다. 그들에게 숫자는 상사가 달성하라고 하는 매출 실적일 뿐이고, 회사 전체의 이익이나 매출액, 비용 등은 몰라도 된다고 교육받는다. 말하자면 '나무만 보고 숲은 보지 못하는' 상태에 있으므로 거시적 통찰이 없고, 그 결과 비즈니스상의 판단이나 행동을 그르치는 일도 적지 않다. 자신이 회사에 얼마나 공헌하고 있는지 이해하기 어려운 탓에 보람을 느끼지 못한다.

중소, 중견 기업의 경영자 중에는 회계를 경리 담당자에게 맡기면 된다고 생각하는 사람이 적지 않고, 실제로 사장을 비롯한 경영 간부들이 숫자에 약하다. 그 때문에 사원들이 큰 그림을 그리지 못하고, 업무상의 실수를 한다. 경영관리자들이 그런 자세를 고치고 회계 마인드를 익혀 회사의 숫자 규모를 사원들과 공유해야 한다.

사장이라면 계획하고, 실행하고, 평가하고, 개선하라

업무 의욕을 높이려면 평소의 PDCA에 회계 마인드를 도입하는 것도 중요하다. 비즈니스의 세계에서는 '어떤 업무든 PDCA를 철저히 돌리는 것'이 중요하다.

계획해서, 실행한 뒤, 검토하고, 개선해서 다시 실행한다. 모든 업무는 이 과정의 반복이다. 당연한 말이지만, 어떤 한 과정이라도 빠지면 업무를 정확하고 빠르게 진행할 수 없다. 이 PDCA의 모든 공정에서 회계 마인드를 발휘하면 성과를 올릴 확률이 높아지며, 설령 실패하더라도 큰 손해를 입지 않을 것이다.

나는 이 사이클을 회계 PDCA라고 부르며 사람들에게 권하고 있다. 구체적으로 어떤 것인지 간단히 설명하겠다.

예를 들어 계획(P)을 세울 때는 제대로 수익을 낼 수 있는 계획인지, 그리고 끝난 뒤에 이익을 얻는 계획인지를 회계 마인드로 검토한다. 이어서 실행(D)할 때는 계획대로 수익을 내고 있는지, 돈이 늘어나고 있는지 진척 상황을 관리한다. 검토(C)는 실행하는 작업과 거의 동시에 병행하면서, 계획과 괴리가 있다면 계획을 재검토할지 즉시 판단하며 실행한다(A).

이처럼 PDCA를 돌릴 때 회계 마인드를 활용하면 업무의 정밀도가 높아져서 좋은 결과를 얻고, 자연스럽게 의욕이 상승한다. 참고로 회계 마인드를 명확히 정의하면, 기업 간의 경쟁에서 승리하고자 이익을 창출하고 충분한 현금을 확보하기 위해 회계 숫자를 사용해서 생각하는 방법을 의미한다. 간단

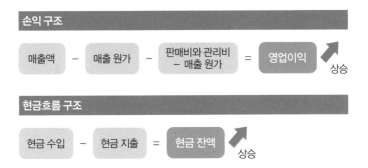

손익 구조

매출액 − 매출 원가 − 판매비와 관리비 − 매출 원가 = 영업이익 ↗ 상승

현금흐름 구조

현금 수입 − 현금 지출 = 현금 잔액 ↗ 상승

히 말하면 회계 마인드란 얼마나 돈을 벌 수 있을지 숫자를 사용해서 생각하는 방법인 것이다.

구체적으로 말하자면, 사업의 수익 구조인 '손익 구조 ⇒ 매출액 – 매출원가 – 판매비와 관리비 = 영업이익'과 현금수지의 구조인 '현금흐름 구조 ⇒ 현금 수입 – 현금 지출 = 현금 잔액'을 이해하고 이익과 현금을 어떤 식으로 늘릴지 동시에 생각하며 행동하는 것이다.

회계 마인드는 사장의 경쟁력이다

사장이라면 회계 마인드를 온갖 업무 관리 상황에, PDCA의 모든 공정에 적용해야 한다. 회계 마인드를 적용하면 업무가 순조롭게 진행된다. 반대로 회계 마인드를 적용하지 않고 업무 관리를 하면 어딘가에서 문제가 발생할 것이다.

시작부터 왠지 어려워 보이는 말들을 늘어놓았는데, 지금 당장은 이해하지 못해도 상관없다. 이 책을 읽어 나가면서 회계 마인드에 익숙해지면, 그때 이 항목을 다시 읽어보기 바란다. 또한 2장 끝에 회계 마인드의 적용 사례를 따로 정리해두었으니 꼭 확인하기 바란다.

회계 마인드는 경영 지식, 외국어 능력 등과 마찬가지로 비즈니스를 하는 데 중요한 무기다. 부디 회계 마인드를 자신만의 '무기고'에 저장하기 바란다.

03

일류 사장은
회사 회계장부를
장악한 사람

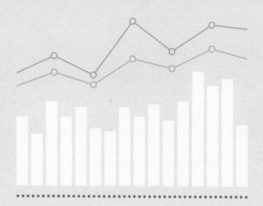

비즈니스 현장은 전쟁터다. 무한경쟁 사회에서 가장 유용한 사장의 생존 무기는 회계 마인드다. 사장의 회계 마인드가 업무를 진행하는 데 필수조건이라는 것을 이해했을 것이다. 그렇다면 빨리 회계 마인드를 자신의 것으로 만들고 싶을 텐데 그 전에 확실히 짚고 넘어가야 할 것이 있다. 사장인 당신은 회계에 대해 얼마나 이해하고 있는가?

사장	사원들에게도 회계 마인드가 필요하다는 건 조금 알 것 같습니다. 그렇다면 부하 직원에게 무엇부터 가르쳐야 할까요?
회계사	회계란 무엇이라고 생각하십니까?
사장	이를테면 회사의 가계부 같은 것이 아닐까요?
회계사	그렇다면 가정에서 가계부를 쓰는 이유는 무엇이라고 생각하십니까?
사장	들어오는 돈과 나가는 돈을 관리해서 지출이 수입보다 많아지지 않도록 조심하기 위해서 가계부를 쓰겠지요.
회계사	왜 나가는 돈이 들어오는 돈보다 많아지면 곤란한 것일까요?
사장	버는 돈보다 쓰는 돈이 더 많으면 저금이 줄어들 수밖에 없고, 저금한 돈이 다 떨어지면 빚을 져야 하니까요. 반대로 들어오는 돈이 쓰는 돈보다 많으면 남은 돈을 저금해서 다른 목적에 사용할 수 있고요.
회계사	맞습니다. 회삿돈의 흐름을 관리해 이익을 확보하고, 그 돈을 이해 관계자들과 공유하며 적절히 운용하기 위해 회사에서도 일반 가정의 가계부와 같은 결산서를 작성합니다. 이제 자세히 알아볼까요?

●

회계 시스템이 작동해야
회사가 발전한다

사장의 대답처럼 가계부는 '개인'이 가정의 현금 수입과 현금 지출을 기록하고 관리하기 위한 장부로, 어디까지나 자신을 위해서 만드는 자료다. 한편 회사의 회계(기업회계)는 주주와 수많은 이해 관계자, 다시 말해 '타인'에게 회사의 실적을 증명하기 위해 결산서를 만들어서 관리하는 방법이다. 목적에 약간 차이가 있지만, 금전적 측면에서 개인의 행동이나 경영 활동의 발자취를 기록해 무엇인가에 도움이 되도록 한다는 의미에서는 똑같다.

귀찮아도 가계부를 써야 하는 이유

먼저 가계부는 실질적으로 어떤 도움을 주는지 깊이 생각해보자. 사장이 말했듯이, 가정 전체에 들어오는 돈과 나가는 돈을 관리해서 지출이 수입을 초과하지 않도록 조심하기 위해 가계부를 쓴다.

일반적인 가정의 가계부를 보면, 수입란에는 '급여'와 '기타' 두 가지 항목밖에 없지만 지출란에는 집세, 식비, 의상비, 각종 공과금, 통신비, 자동차 관련비, 교제비, 의료비, 교육비, 보험료, 대출 상환금 등 다양한 항목이 나열되어 있다.

올해 1월 1일부터 12월 말까지 1년분의 수입에서 지출을 뺀 차액에 전년 12월 말의 현금과 예금잔액(기초잔액)을 더하면 올해 12월 말의 현금, 예금잔액(연말잔액)이 나온다. 그 차액이 마이너스라면 기초 잔액보다 기말잔액이 그 금액만큼 적어진 것이므로, 내년에 수입을 늘릴 방법을 찾든지 지출을 줄이든지 둘 중 하나를 선택해야 한다. 어떻게 해도 몇 달 뒤에는 잔액이 마이너스가 될 예정이라든가, 집이나 자동차를 사는 등의 커다란 지출이 예정되어 있다면 빚질 각오를 하고 상환 계획을 세워야 한다.

이처럼 가계부를 사용해서 현금의 수익과 지출 내역(수지)을 검토하는 것은 기업회계로 치면 손익계산서를 작성해서 분석하는 것과 같다. 둘의 큰 차이점은 가계부의 경우 현금의 입출금 사실을 기준으로 기록하지만(현금주의라는 개념), 기업회계의 경우 '거래가 발생했다'고 인식하면 현금의 입출금이 없더라도 기록한다는 점이다. 가령 고객에게 상품을 외상으로 판매했을 경우는 매출액과 외상매출금이 발생한 거래로 기록한다(발생주의라는 개념).

순자산을 늘리려면 재무상태표를 작성하라

가계부 작성 시 중점적 사안은 현금수지의 관리와 분석이다. 기업회계와 마찬가지로 재무상태표statement of financial position(대차대조표balance sheet)를 만들어서 기말 시점의 재산 상황을 분석하는 것도 개인의 재산관리에 매우 효과적이다.

예컨대 12월 말 현재 가진 재산, 즉 자산 내역으로 현금과 은행 예금, 유가증권(주식, 회사채 등), 연금 잔액, 보험 적립금, 토지와 건물, 자동차, 계약금, 보증금 등을 명확히 한다.

한편 12월 말 시점의 부채가 무엇인지 확인한다. 예컨대 은행 차입 등의 대출 잔액(단기 카드 대출, 장기 주택담보 대출), 리스 미지급 잔액 등을 들 수 있다.

정리하면, 자산에서 부채를 뺀 나머지가 '순자산'이다. 순자산이 매년 증가한다면 좋겠지만, 줄어들거나 제로에 가까워진다면 마음이 불안할 것이다. 개인의 재무상태표는 재무관리에 도움이 될 뿐만 아니라 순자산이 매년 줄어들면 '앞으로는 과소비하지 않도록 주의하자'는 자제력을 발동시킨다.

가계부(현금수지)와 이 재무상태표를 동시에 분석하면 넘치거나 부족하지 않은 생활 설계를 실현할 수 있으니 꼭 실천해보기 바란다. 가계부와 개인의 재무상태표를 작성하는 방법을 10대 시절부터 가르친다면 개인 파산자의 수는 확실히 줄어들 것이다.

좋은 사장은 쉽고 신속하게 설명한다

회사의 회계(기업회계)란 무엇인지 생각해보자. 회계, 경리, 회계

학이라는 말을 영어사전에서 찾아보면 '어카운팅accounting'이라고 적혀 있으며, 이는 '어카운트account'에서 파생된 말이다. 그리고 이 'account'라는 영어 단어는 일반적으로 '계산', '계좌', '계산서'라고 번역되지만, '설명'이라는 의미도 지니고 있다. 요컨대 계산해서 그 셈이 맞으면 그만이 아니라 '타인에게 그것을 설명한다'는 넓은 의미를 포함한다는 것을 알 수 있다.

타인에게 자신의 목적을 설득하기 위해서는 이해하기 쉽고, 정확하며, 신속할 필요가 있다. 서양의 고대 국가에서는 세금을 징수할 때, 징세관이 왕에게 그 과정과 결과를 설명해야 했다. 또한 중세 유럽에서는 출자자를 모아서 항해에 나섰던 배가 무사히 상품을 싣고 돌아왔을 때, 각자의 몫을 정확하게 계산한 다음 출자자에게 설명해야 했다. 그렇게 서양에서는 회계 기술이 발달했다.

최근에는 영어 단어 'accounting'과 '리스판서빌리티responsibility(책임)'의 합성어인 '어카운터빌리티accountability(설명 책임)'라는 단어를 '경영자는 이해 관계자에게 설명 책임이 있다'는 의미로 자주 사용한다.

사장의 경영 역사를 설명하는 도구

회계장부에 돈의 흐름을 정리해 회계 기록이나 보고서를 작성하는 기술을 '부기'라고 한다. 부기는 오랜 역사를 자랑한다.

기원전 고대 부기로 시작해서 상거래가 발전하고 복잡해짐에 따라 서서히 진화해 현재 세계에서 사용하고 있는 '복식부기'에 이르렀다. 복식부기는 모든 거래를 대변(오른쪽 면)과 차변(왼쪽 면)으로 구분하여 이중 기록·계산이 되게 하는 부기 형식으로, 재산의 이동과 손익을 정확히 알 수 있고 잘못을 자동으로 검출할 수 있다.

나는 회사의 회계, 즉 사업 활동의 발자취를 명확히 하는 복식부기라는 위대한 발명이야말로 자본주의가 이렇게 발전할 수 있었던 이유라고 생각한다.

구체적으로 그날그날의 행동 결과를 발생주의에 근거, 거래 내용을 차변과 대변으로 나누어 적는 방식인 '분개'를 통해 장부에 기록하고, 월말에 시산표를 만든다. 현재 회계 소프트웨어에 분개를 입력하면 각종 장부와 원래 장부에 올린 내용의 정확성을 검산하는 표인 '시산표'가 자동으로 완성된다. 기말 결산에는 이 시산표를 둘로 분해해 재무상태표와 손익계산서라는 결산서를 만든다.

재무상태표를 보면 분기별 재산 상황을, 손익계산서를 보면 1년 동안의 실적, 즉 상품을 얼마나 팔았고 이를 위해 원가와 경비를 얼마나 들였는지를 알 수 있다. 앞으로 자세히 설명하겠지만, 이 결산서를 이해 관계자에게 보여줌으로써 사장과 임직원이 얼마나 열심히 일해서 성과를 남겼는지 설명할 수 있다.

모든 결산서는 숫자를 적극 활용해 작성되기 때문에 자사의 과거 연도와도 비교할 수 있고, 업계의 다른 회사와도 비교할 수 있다. 경영 상태의 어떤 부분이 어떻게 좋고 어떤 부분이 어떻게 나쁜지 분석할 수도 있다.

회계는 모든 사장이 자신의 행동과 결과를 되돌아보고 더욱 발전시키기 위한 가장 좋은 도구이다.

04

직원 월급의
가치를 올리는
사장이 진짜다

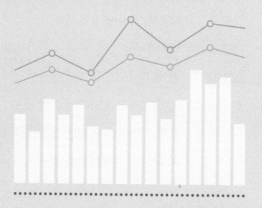

모든 사장은 직원에게 후한 급여를 주고자 한다. 열심히 일하는데 왜 급여가 오르지 않을까? 보너스는 또 왜 이렇게 적을까? 직원 대부분은 이렇게 불만을 품고 있을지 모른다. 그러나 회계의 관점에서 급여를 분석해보면 놀라운 사실이 드러나는데, 사장이 셈하는 급여 체계와 직원이 셈하는 급여 체계가 다르다는 것이다. 그 차이가 무엇일까?

사장	승진을 원하는 이유는 급여에 불만이 있어서인가?
사원	솔직히 말씀드리면 그렇습니다. 미래를 생각하면 역시 돈이 필요하니까요.
사장	그건 나도 이해하지만, 그러려면 매출을 더 올려서 실적을 내야 해.
사장	하지만 지금도 매달 급여의 두 배에 달하는 매출을 올리고 있는데요.
회계사	회계 마인드로 보면 네 배 이상의 매출을 올리지 않으면 회사에 공헌했다고 말하기 어렵습니다.
사원	네? 네 배 이상을 올려야 한다고요!?
회계사	회계 마인드가 없으면 자신의 급여가 낮다든가 야근이 많다든가 하는 생각에 불만이 생기고 업무 의욕도 떨어지지요. 이번에는 회계 마인드의 관점에서 급여를 생각해보겠습니다.

●

사장은 당신이 휴가를 가도
급여를 줘야 한다

급여라고 하면 자신이 받는 실수령액을 떠올리는 사람이 많을 것이다. 급여의 총액에서 소득세, 지방세, 건강보험료, 장기요

양보험료, 연금 보험료, 고용보험료가 공제되고, 추가로 상조 회라든가 여행 적립금 등이 차감되면, 최종적인 수령액은 급여 총액의 약 70퍼센트일 것이다. 여기에 자신의 의지로 가입 했다고는 하지만 보험료, 확정갹출형 연금 등까지 빠져나간 뒤의 수령액을 보면 그저 한숨만 나온다.

이 수령액을 기준으로 생각한다면 그 네 배나 다섯 배의 매 출액을 벌어들이고 있는 사람도 많을지 모른다. 그러나 급여 를 지급하는 회사 측, 간단히 말해 사장의 처지에서 바라보면 전혀 다른 풍경이 보인다.

당연한 말이지만, 회사는 사원 한 사람 한 사람에게 총액 기 준으로 급여를 지급한다. 급여를 지급하는 사장으로서는 '일 단 고용한 사원에게는 매출이 오르든 오르지 않든, 유급 휴가 중이든, 연수 중이든, 점심시간 중이든 계속해서 급여를 지급 해야 하는' 것이다. 사원을 한 명이라도 고용하면 그 사람의 생 활을 보장해야 하고, 제반 경비 역시 부담해야 한다. '사장의 처지가 되어 이런 사정도 조금은 생각해달라고!'라는 게 이 세 상의 모든 사장의 속마음일 터이다.

사원의 인건비는 연봉의 최소 두 배
지금 이곳에 월급 400만 원, 매년 월급 4개월분의 상여금을 받는 36세의 사원이 있다고 가정하자. 사원의 연수입은 6,400

만 원이며, 매달 평균적으로 받는 급여는 533만 원이다.

그렇다면 회사는 이 사원에게 매달 얼마를 쓰고 있을까? 건강보험료, 연금 보험료, 고용보험료 등의 회사 부담분, 야근수당·출퇴근 수당 등의 수당, 집세 보조 등의 복리후생비, 퇴직연금의 합계를 월수입의 50퍼센트(266만 5,000원), 그 사원의 회사 내 근무 공간이 3평이면 그 임대료(유지비 포함)를 1평당 20만 원으로 쳐서 60만 원, 사용하고 있는 컴퓨터 등의 전자기기 사용료·통신료가 15만 원이라고 가정한다면, 여기에 월평균 급여 533만 원을 합친 금액은 874만 5,000원이 된다. 연간으로 환산했을 때 1억 494만 원, 즉 1억 원이 넘는 금액이다. 사원 한 사람을 고용할 경우의 직접 인건비는 이렇게 책정된다.

다만 인건비 안에 아직도 들어가야 할 비용이 더 있다. 최근의 일손 부족으로 계속 급증하고 있는 인재 채용비, 회사의 가치 향상으로도 이어지는 교육·연수비, 사원이 광범위하게 행동할수록 많이 들어가는 여비와 교통비, 그 밖에도 집기와 고정자산 등의 유지비, 사무용 소모품비, 홍보비, 손해보험료 등 다양한 비용이 들어간다.

물론 경영자나 관리 부문의 인건비, 경비, 차입금 이자 등의 부담분(부담할 생각은 없겠지만…)을 전부 간접 인건비로 생각하고 이것을 1인당 2,000만 원이라고 가정하면 합계 1억

2,494만 원, 약 1억 2,500만 원이 나온다. 연수입 6,400만 원의 약 두 배다.

이처럼 사장이 생각하는 인건비는 사원이 수령하는 연수입의 약 두 배에 이른다. 사람을 고용하면 이렇게 돈이 들어가는 것이다.

사장의 눈으로 급여를 바라보라

회사는 1억 2,500만 원에 이르는 인건비를 어떻게 부담하는 것일까? 매출을 올리고 여기에 대응하는 매출원가를 뺀 나머지인 매출총이익에서 인건비를 마련하는 수밖에 없다.

이 사원이 다니고 있는 회사의 평균적인 매출총이익률(매출총이익을 매출액으로 나눈 비율)이 30퍼센트라고 가정하면, 1억 2,500만 원의 매출총이익을 벌어들이기 위해서는 1억 2,500만 원을 0.3으로 나눈 값인 약 4억 1,700만 원의 매출액이 필요하다. 이것을 월간 매출액으로 환산하면 3,475만 원으로, 앞에서 예로 든 사원의 월수입인 533만 원의 6.5배가 넘는 금액이다. 이 회사는 사원이 급여의 6.5배 이상을 벌어들이기를 바라는 것이다.

이것을 정리하면, 사원의 연수입이 6,400만 원(월수입 533만 원)일 경우 사장의 입장에서는 연봉의 약 두 배인 1억 2,500만 원의 인건비를 그 사원에게 들이고 있으므로, 급여의 6.5배인

연간 매출액 4억 1,700만 원을 벌어들여야 연봉의 값어치를 하는 사원이라고 할 수 있다.

자신이 받는 급여의 몇 배를 벌어들여야 하는가? 회사의 업종이나 업태, 규모에 따라 상당한 차이가 있지만, 적어도 자신이 받는 급여의 네 배 이상을 벌어들이지 못한다면 회사에 공헌하고 있다고 말할 수 없을 것이다.

'벌어들이는 매출액이 급여의 몇 배인가?'에서 파생된 비율을 여기에서는 '매출액 급여 배율'이라고 부르자. 회사 전체의 매출액 급여 배율보다 배율이 높은 사람은 급여가 인상될 가능성이 크지만, 반대로 배율이 낮은 사람은 더 노력하지 않으면 급여가 오르기는커녕 더 떨어질 가능성도 있다. 공부해서 업무의 질을 높이는 동시에 부가가치가 높은 업무에 도전해 매출액 급여 배율을 높이지 않는다면, 회사는 여러분의 급여가 낮기는커녕 너무 높다고 생각할 것이다.

회계를 알면 목표를 세우기 쉽다

업무 분야가 영업이어서 자신이 벌어들인 매출액을 금방 계산할 수 있는 사람은 자신이 받는 급여만큼의 일을 하고 있는지 아닌지를 금방 알 수 있지만, 가령 경리, 총무, 인사 부문처럼 매출액과 직접적 관련이 없는 업무를 맡고 있을 경우는 어떻게 해야 할까?

관리부의 경우, 회사 전체의 매출액을 사원 전체의 인건비로 나눠서 매출액 급여 배율을 구하는 수밖에 없다. 개인별 매출액 급여 배율을 산출할 수 없으면, 모든 부서가 벌어들인 회사 전체의 매출액과 인건비를 바탕으로 매출액 급여 배율을 계산해서 판단한다. 회사 전체의 평균적인 매출액 급여 배율을 직원의 힘으로 어떻게 높여 나가느냐가 판단의 기초가 된다.

예를 들어 당기의 재무분석을 시행한 결과 회사 전체의 평균 매출액 급여 배율이 3.5배였다면, 다음 분기에는 '3퍼센트의 임금 인상과 동시에 매출액 급여 배율도 3.6배(3.5×1.03)로 상향한다!'와 같은 식으로 목표를 세운다.

05

사장이
숫자를 운용하면
생산성이 오르는 이유

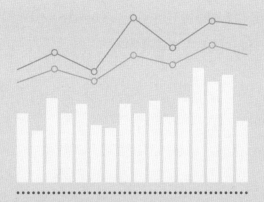

사장이라고 직원이 무조건 야근하길 바라는 것은 아니다. 정해진 업무 시간에 최대한 효율적으로 움직여 최대의 성과를 내기 바랄 뿐이다. 여기 한창 야근 중인 사원이 있다. 상사가 와서 일찍 퇴근하라고 재촉한다. 업무가 쌓여 있어서 어쩔 수 없다고 말하자 그렇다면 생산성을 높이라고 한다. 대체 어떻게 해야 좋을까?

사원 　사장님께서 매출액을 높이는 것도 중요하지만 먼저 생산성을 높여야 한다고 하십니다. 선생님, 대체 어떻게 해야 생산성을 높일 수 있을까요?

회계사 　생산성에는 여러 종류가 있는데, 이 경우는 노동생산성을 의미할 겁니다. 간단히 말하면 '적은 인풋으로 많은 아웃풋을 내는 것'이지요.

사원 　인풋을 줄이려면 어떻게 해야 할까요?

회계사 　거래처와의 미팅을 예로 들면, 미팅 장소까지 이동하는 데 왕복 두 시간, 미팅에 두 시간이 걸리던 것을 인터넷 화상회의로 한 시간 반 만에 끝내면 생산성은 두 배 이상 오르지요.

사원 　이론적으로 그렇긴 한데, 직접 찾아가지 않으면 저쪽에서 불쾌하게 생각할 것 같아서….

회계사 　이동하느라 교통비도 들고, 이동하는 동안에도 급여는 계속 발생합니다. 그만큼 더 많은 매출을 올려야 하죠.

사장 　인터넷 화상회의를 도입해서 시간을 단축하는 편이 좋겠군. 지금 당장 도입을 검토해야겠어.

회계사 　비용으로 치환해보면 시간을 단축하는 것만으로도 생산성을 향상할 수 있음을 알게 됩니다.

●

숫자로 치환하면
불필요한 업무가 보인다

독자 여러분은 초등학교 수학 시간에 이동한 거리, 걸린 시간, 속력의 관계를 공부했을 것이다. 어떤 일정한 시간 동안 나아가는 거리가 '속력'이며, 계산식은 다음과 같다.

$$거리 = 시간 \times 속력$$

자동차를 타고 시속 60킬로미터라는 속력으로 한 시간을 달리면 60킬로미터를 나아간다는 것이다. 비즈니스에서는 이 속력을 '생산성'과 같은 의미로 사용하는 경우가 종종 있다. 계산식으로 나타내면, 다음과 같다.

$$업무의 양 = 시간 \times 생산성$$

이 경우의 생산성은 일반적으로 노동생산성이라고 부르며, 업무의 양을 그 업무에 들인 시간으로 나눠 산출한다. 다시 말해 '시간당 업무량'이 노동생산성인데, 예를 들어 물류업이라면 '시간당 포장 개수'라든가 '시간당 출하 개수'라 할 수 있다.

최소의 인풋으로 최대의 아웃풋을

조금 관점을 바꿔서 회사 전체의 활동을 살펴보자. 아주 단순하게 표현하면, 회사는 회사 차원에서 인건비 등의 여러 투자를 통해 인풋을 하고, 회사 내부에서 그것에 부가가치를 부여해 제품, 상품, 서비스라는 것을 만들어 세상에 아웃풋 하는 집단이다.

인풋 → 회사 내부에서 부가가치를 부여한다 → 아웃풋

이것을 계산식으로 고쳐보자.

아웃풋 − 인풋 = 부가가치

부가가치가 플러스인 동안에는 재투자함으로써 회사가 지속적으로 성장할 수 있다. 이때 사원들은 가급적 적은 인풋으로 많은 아웃풋을 얻기 위해 시간이나 자원의 낭비가 없도록 기준을 세워 조직적으로 궁리하며 일할 필요가 있다. 여기에서 생산성 개념이 등장한다.

같은 수량의 부가가치를 생산하는 경우, 최대한 속도를 높여서 생산할 수 있다면, 처음에 들였던 생산 시간보다 짧은 시간에 같은 제품을 더 많이 만들거나 또 다른 제품을 만들 수 있다. 시간 낭비 없이 효율적으로 생산하는 상태를 '생산성이 높다'고 말할 수 있다.

시간은 유한하다. 가만히 있기만 해도 시간은 쉬지 않고 흘러간다. 더 짧은 시간에 효율적으로 일할 수 있다면 좋겠지만, 여러분은 항상 그렇게 일하고 있을까?

이전보다 짧은 시간에 일을 끝내서 보람과 성취감을 느끼고 직원만족도employee satisfaction와 고객만족도customer satisfaction가 향상된다면 더할 나위가 없을 것이다. 그러나 현실에서는 노동 인구의 감소로 기업이 심각한 일손 부족에 시달리고 있으며, 채용 비용의 상승과 높은 이직률에 골머리를 앓고 있다. 특히 노동 집약적인 소매업, 유통업, 서비스업, 요식업 등에서는 비명에 가까운 소리가 들리고 있다. 업무의 부분적인 프로세스에 AI나 로봇을 도입하면 생산성은 향상되겠지만, 접객의 질은 향상되지 않으므로 고객만족도가 낮아져 결국 매출이 감소할 것이다. 이래서는 의미가 없다.

직원만족도와 고객만족도는 수레의 두 바퀴와 같아서, 한쪽만 빠져도 수레는 움직일 수 없다. 생산성을 향상시키기 위한 방책은 이 양쪽을 모두 만족시키는 것이어야 한다.

불필요한 회의는 과감히 줄인다

생산성 향상을 위한 방책의 사례 중 하나는 비대면 미팅이다.

미팅을 위해 외부 관계자를 만나러 가는 대신 인터넷 화상회의를 도입하고, 회의 시간도 두 시간에서 30분을 단축해 끝내는 것이다.

지금까지 회의할 때 시간 낭비였던 부분, 이를테면 30분이 걸렸던 보고 시간을 없애고 논의를 통해 결론을 이끌어내는 데 집중한다. 그런데도 회의가 한 시간 30분 안에 끝나지 않는 다면 회의 주최자가 능력이 부족하거나 준비가 모자랐다는 의미일 것이다.

지금까지의 회의 시간

이동(왕복) 두 시간 + 회의 두 시간 = 네 시간

앞으로의 회의 시간

이동 0시간 + 회의 한 시간 반 = 한 시간 반

회의의 결과로 얻은 효과가 같다고 가정하면 네 시간이 한 시간 반으로 단축되었으므로 4를 1.5로 나눠 '생산성이 2.7배 오른' 셈이다. 이 개선책이 고객만족도로 이어질지는 회의, 성과, 타 부서 혹은 현장에 끼치는 파급 효과에 따라 달라지겠지만, 회의 시간은 단축되었으니 직원만족도로는 분명히 이어질 것이다.

또 한 가지 중요한 체크포인트는 회의 자체의 비용을 측정해보는 것이다. 앞에서 배웠듯이 회사가 생각하는 인건비는 사원이 받는 연수입의 약 두 배이므로, 사원의 시급이 2만 원이라면 인건비는 시급 4만 원이 된다. 또한 사원 이외의 회의 참석자 네 명이 모두 선배여서 두 명은 시급 3만 원, 한 명은 4만 원, 한 명은 6만 원이라고 가정하면, 다섯 명의 인건비는 합계 36만 원이 된다. 즉, 생산성 향상책을 실시하기 전에는 여기에 네 시간을 곱한 144만 원이 회의에 들어가는 비용이었던 셈이다.

이 회사의 매출액 급여 배율을 네 배라고 가정하면 '144만 원×4 = 576만 원'의 매출을 달성해야 한다. 개선책을 실시해 회의 시간을 1.5시간으로 단축하더라도 216만 원이다. 즉, 회의해서 어떤 결정을 함에 따라 얻게 되는 가치가 216만 원 이상이 아니라면 회의를 한 보람이 없다는 이야기다.

회의 비용 < 회의 효과 → 이 회의는 계속한다!
회의 비용 > 회의 효과 → 회의를 개선하거나 중지한다!

한 번쯤 회사 내부의 모든 회의를 점검해서 회의의 유효성을 측정해보기 바란다. 효과가 없는 회의라면 시간을 단축하거나, 참가 인원을 줄이거나, 다른 회의와 합치거나 폐지하는 등 개선책을 궁리해서 시행해야 할 것이다.

업무의 질을 높이면 생산성도 오른다

지금까지의 이야기에는 두 가지 중대한 시점이 누락되어 있다.

첫째는 생산성의 향상을 기대할 수 있는 업무와 그렇지 않은 업무가 있다는 것이다. 예를 들어 제조사의 각 공정, 프로젝트·회의·미팅 등을 포함한 업무 전반, 정형적이고 거의 정해져 있는 반복적인 업무, 표준화하거나 매뉴얼화기 용이한 업무는 전자에 속한다. 한편 후자는 기획·개발·연구 등 정형화하거나 표준화하기 어려운 업무다.

생산성의 향상을 기대하기 어려운 업무의 경우, 생산성 향상에 도전해도 실패할 확률이 크기 때문에 검토 자체를 그만두는 편이 좋을지도 모른다. 다만 그런 업무라도 업무 내용을 분석해보면, 몇 퍼센트는 정형적인 업무가 포함될 때가 종종 있다. 그 부분의 생산성 향상책을 검토하는 것이 현명하다.

둘째는 처음에 제시했던 '업무의 양 = 시간×생산성'이라는 수식의 맹점이다. 이 계산식은 더 짧은 시간에 똑같은 업무량을 처리하기 위해서는 노동생산성을 높이는 방식으로 일해야 함을 암시한다. 그러나 단순히 업무의 양을 기준으로만 생각하지 말고, 어떻게 업무의 질을 높여서 생산한 상품을 비싸게 판매할 수 있을까를 노동 시간의 단축과 함께 고민해야 한다.

생산성의 향상도 중요하지만, '양에서 질로의 전환'과 '판매 단가의 상승'을 지향하는 것도 잊어서는 안 된다.

06

직원을 설득하는
사장이 가진
결정적인 한 방은?

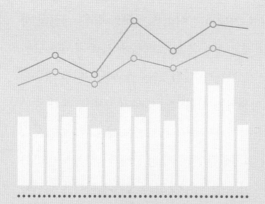

사장은 시간을 아껴 생산성을 높이라고 한다. 회사
의 행정 절차를 따르다 보면 시간이 지연되기 마련
이지만, 시간이 지연되는 이유가 오롯이 행정 절차
상의 문제일까? 품의서를 예로 생각해보자. 회계
마인드가 있는 직원의 품의서는 금방 통과되지만,
회계 마인드가 없는 직원의 품의서는 통과되는 데
시간이 걸린다. 왜 그럴까?

사원	사장님, 우리 회사는 결재 속도가 느려 업무가 빠르게 진행되지 못합니다.
사장	그게 업무 의욕에 나쁜 영향을 주었나?
사원	솔직히 말씀드리면 그렇습니다. 오늘도 자재 매입에 필요한 비용을 결재받지 못해서 한참을 기다렸습니다.
사장	비용 신청서에 전혀 문제가 없었는데 말인가?
사원	선배에게 배운 대로 완벽하게 작성했습니다.
사장	역시 결재 절차에 지나치게 시간이 걸리는 건가….
회계사	끼어들어서 죄송합니다만, 신청서를 작성할 때 매입처의 원가율이나 적정 매입 수량을 미리 계산해서 기재하셨나요?
사원	아니요. 선배가 "우리 회사는 항상 같은 곳에서 매입하니까 괜찮아"라고 해서….
회계사	기존의 매입처가 가격을 인상했을 가능성도 있고, 품질이라든가 수량, 매출총이익의 설정이 바뀌었을지도 모릅니다. 신청의 근거 자료에 이익의 수치를 정확히 명시하면 결재도 빨라질 겁니다.
사원	그러고 보면 사장님께서 이 금액은 확인한 것이냐고 여러 번 물어보셨는데, 계산 문제가 아니라 이익을 말씀하신 거군요.

●

설득력 있는 품의서에는
회계 마인드가 담겨 있다

어느 회사든 품의서가 통과되는 데 종종 시간이 걸린다. 기본적으로 사내의 의사 결정 과정에서는 각 부서의 책임자가 의견을 주고받으며 그 의사 결정이 회사 전체에 타당하고 최적인지, 시의적절하고 적법한 것인지 판단한다. 그리고 타당성을 판단할 때, 그 의사 결정을 통해서 이익이 만들어지느냐 그렇지 않느냐에 회계 마인드가 관여한다.

이번 대화에는 두 가지 문제가 있는데, 결재에 시간이 걸린다는 점과 결재 절차가 형식적인 탓에 자칫 회사에 손해를 입힐지도 모른다는 점이다.

사장의 컨펌을 받고 싶다면 숫자로 근거를 제시하라

첫 번째 문제점은 의사 결정 속도와 관련된 것이다. 여기에는 신청하는 쪽의 문제와 그것을 결재하는 쪽의 문제라는 두 가지 측면이 있다.

신청하는 쪽의 문제는 무엇일까? 아마도 품의서에 근거가 숫자로 명확하게 제시되어 있지 않다는 내용상의 문제가 아닐까? "품의서가 통과된다면 매출액이 10억 증가할 것으로 예상합니다"라고 기재되었다면 "여기까지 검토했군. 오케이, 알겠네!"라며 빠르게 결재되지 않았을까.

결재하는 쪽의 문제는 무엇일까? 현재 회사를 둘러싼 환경은 매우 빠르게 변화하고 있다. 변화에 대응하려면 경영의 속도를 철저히 높일 필요가 있으며, 사내에서 '보고·연락·상담'도 빠르게 해야 한다. 이에 따라 빠르게 의사 결정을 할 수 있도록 사내의 체제를 정비할 필요가 있다.

이런 전제가 있어도 의사 결정이 느린 것은 치열한 토론이 벌어져서가 아니라, 변화에 대응하지 못해 이대로는 희망이 없다는 것을 알면서도 겁이 나서 손을 대지 못한 결과가 아닐까?

품의서에 결재 도장이 몇 개씩 나란히 찍혀 있는 것을 보면 불쾌함이 밀려온다. 그런 품의서는 무책임의 상징이기 때문이다. 모두가 도장을 찍으면 책임도 분산된다는 생각 때문일까? 결재 문제 때문에 업무가 진행되지 못하는 상황도 실제 벌어진다. 두 가지 문제를 극복하기 위해서라도 독자 여러분은 결재 절차의 규칙을 다음과 같이 바꿔 회사를 운영했으면 한다.

- 품의서에 숫자로 근거를 제시한 보충 자료를 반드시 첨부한다. 그리고 어느 정도의 이익을 기대할 수 있는지 기재한다.
- 가급적 수평적인 구조로 만들고, 최대한 조직의 말단 직원에게까지 권한을 위양한다.
- 권한을 위양할 경우 내부 견제 시스템, 즉 상호 검토 시스템을 동시

에 도입한다.

- 결재자의 수를 최대한 줄인다.
- 성공한 횟수가 아니라 실패를 포함해 '도전한 횟수'를 기준으로 인사 평가한다.

형식적 업무는 이제 그만

앞의 대화에서 나온 사원의 고충을 다시 생각해보자. 선배에게 배운 대로 '기존의 금형 제조업자'에게 금형을 의뢰하고 '기존의 플라스틱 성형업자'에게 그전까지와 똑같은 수량인 1만 장을 제조 위탁한다는 품의서를 돌렸는데 좀처럼 결재가 떨어지지 않는다고 사원은 고충을 토로했다.

독자 여러분도 똑같은 경험을 한 적이 있지 않을까? '이미 똑같은 품의서가 수없이 통과되었는데 왜 내 품의서는 통과되지 않는 걸까?'라고 불만을 품어본 적이 있을 것이다. 그런데 이 담당자는 품의서를 작성하기 전에 다음과 같은 점을 검증했을까?

- 품질이 떨어지지는 않았는가? 혹은 더 좋아지지는 않았는가?
- 원가를 계산해서 가격을 교섭한 결과, 기존보다 비용 절감에 성공했는가?
- 매입 가격이나 생산 수량에 관해 여러 업자에게 견적을 받아서 검토

한 끝에 기존의 업자를 선택한 것인가?

기존의 틀 안에 있는 상품이라 해도 전과 똑같은 방식을 고수하면 반드시 타성에 빠지고, 이익도 나지 않을 뿐만 아니라 고객의 발길이 멀어져 매출도 감소할 것이다.

사장이라면 '품질 개선을 위해 노력한다'와 '이익을 낸다'는 의미의 회계 마인드를 끊임없이 추구해야 한다. 그런 의미에서 생각하면 이 대화에 등장하는 "이 금액은 확인한 건가?"라는 사장의 질문은 매우 다층적인 의미를 포함한다. 지금 이야기한 것을 고려해 앞으로 품의서를 쓸 때 활용하기 바란다.

07

직원 태반이
'회알못'이면
매출이 늘어날 리 없지

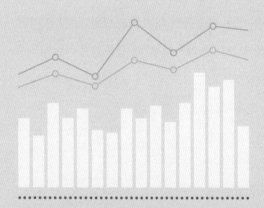

사장이 회계를 안다고 해도 직원들이 회계 마인드를 갖추지 않으면 회사의 발전을 더딜 수밖에 없다. 회계 지식이나 회계 마인드를 갖지 못한 채 업무에 임하는 상사를 어렵지 않게 찾아볼 수 있다. 회계 마인드가 실제 비즈니스 현장에서 그렇게 중요한 것이라면 왜 누구도 그것을 가르쳐주지 않는 걸까? 그 이유가 무엇일까?

사원	사장님! 일할 때 회계 마인드가 정말 중요한 것이었네요.
사장	솔직히 나도 회계 마인드를 중시하지 않았기 때문에 정말 유용한 공부였네. 이런 것들을 제대로 설명하면 전 직원의 의욕도 높아지겠어.
사원	그런데 회계가 이렇게 중요한데도 지금까지 제게 회계를 가르쳐 준 사람이 아무도 없었습니다.
회계사	비즈니스 현장에서 구체적인 회계 지식까지 배울 기회는 드물지요.
사원	경제를 전공하지 않아 회계를 배울 기회가 없었어요…. 공대생 중에는 회계를 제대로 배운 사람이 별로 없을 겁니다.
사장	나도 재무나 회계는 경영자나 경리부 사람들만 배우면 된다고 생각했네. 사내에 스터디 클럽을 만들거나 신입 사원 연수에서 회계의 기초를 가르치는 게 좋겠어.
회계사	좋은 생각이군요. 회계는 비즈니스 매너와 마찬가지로 사회에서 일할 때 중요한 기초 지식이지요. 그 중요성을 깨달았다는 것만으로도 이야기를 나눈 보람이 있네요.

●

당신의 직원 중
회계 전문가가 있는가

왜 아무도 회계를 제대로 가르쳐 주지 않을까? 이 의문에 두 가지 답을 줄 수 있다.

첫 번째 답은 누구에게 배우지 않아도 회계를 어느 정도는 할 수 있기 때문이다. 회계에는 전문 용어가 많이 등장하지만, 굳이 그런 것들을 외우지 않아도 매출액, 원가, 경비 등은 실무를 경험하다 보면 어느 정도 이해할 수 있다. 계산도 덧셈과 뺄셈을 주로 사용하므로 어렵지 않다.

두 번째 답은 남에게 가르칠 수 있을 만큼 회계를 공부한 사람이 드물기 때문이다. 회사의 모든 부서에 경리 전문가가 있으면 좋겠지만, 그런 경우는 없다. 전문 지식을 갖춘 사람은 경리부의 경리 담당자뿐이다. 신입이 들어와도 회계를 제대로 가르쳐 줄 수 있는 사람이 없다. 직원 대부분이 회계 마인드가 모자란 탓에 중요한 국면에서 실수를 저질러 손실을 보거나 더 이익을 낼 수 있었는데 그러지 못하는 일이 비일비재다. 이런 상태가 회사에 좋을 리 없다.

피하지 말고 회계 기본 개념을 외워라

회계 마인드가 없으면 회사에 손해를 끼치는데 왜 아무도 회계를 배우지 않는 것일까?

그 원인 중 하나는 어려워 보이는 말이 많기 때문일 것이다. 지금까지 들어 본 적이 없는 전문 용어가 많이 나오는 탓에 외국어를 공부하는 듯한 느낌이 들지도 모른다. 회계와 관련된 용어를 지금 떠오르는 것만 나열해도 재무회계, 관리회계, 부기(정확히는 복식부기) 회계, 회계감사, 기업회계, 세무회계, 회계 원칙 등 셀 수 없이 많다.

예를 들어 부기는 영어로 북키핑bookkeeping이다. '장부에 적는다'는 의미로 영어 발음에 가까운 '부기'가 일반화되어 오늘날의 쓰임에 이르렀다. 부기를 포함해 회계 관련 용어는 복식부기나 회계학을 공부할 때 반드시 등장하며, 경리 부서에 배속되었다면 이것을 이해해야 일을 할 수 있다.

연수입을 늘리고 싶다면 회계를 공부하라

현재 경리 부서가 아닌 다른 부서에서 일하고 있더라도 기초 회계를 공부해놓으면 절대 손해 볼 일이 없다. 독자 여러분도 이 책을 읽는 사이에 비즈니스 세계에서 회계의 중요성을 조금이라도 깨닫고 회계 공부에 도전해보기를 바란다.

이 책은 '회계의 중요성을 깨닫고 조금이나마 회계 마인드를 키우는' 것을 목표로 한다. 이제까지 회계 지식의 중요성을 몰랐다고 하더라도, 이 책을 계기로 회계의 중요성을 인지하길 바란다. 그런 의미에서 이 책은 회계 지식이 전무한 사람에게 안성맞춤일지 모른다. 물론 회계 지식을 어느 정도 갖춘 사람이라면 지식을 점검하고, 확장하는 차원에서 도움을 얻을 수 있을 것이다. 이 책을 읽은 뒤 더 높은 수준의 회계 관련 서적에 도전하기 바란다. 회계를 무기로 삼아서 수입을 늘리고 싶다면 당연히 회계 공부를 열심히 해야 한다.

마지막으로 경영자의 방향성에 관해 조언하려 한다. 사원은 경영자원 중에서도 가장 소중한 재산이다. 회사의 미래가 사원에게 달려 있기 때문이다. 회사 전체의 성장은 사원 한 사람 한 사람의 성장, 즉 가치 향상에 달려 있다. 이를 위해서도 교육 연수는 필수다.

사장이라면 회사 영업이익의 20퍼센트는 교육·연수에 사용하자. 그 정도의 투자가 아깝지 않을 만큼 나는 교육의 중요도가 높다고 생각한다.

실제로 어떤 회사에서는 대졸 신입 사원의 입사가 결정되면, 합격자 전원에게 입사할 때까지 부기를 공부하라는 알림을 보낸다. 입사 후에도 그 연장선상에서 연수를 시행한다. 특히 상사회사 중에 그런 곳이 많은데, 거래처의 결산서를 읽을 줄 알아야 일을 할 수 있기 때문이다. 상사회사에서는 '어떤 거래처에 어느 규모까지 거래해도 되는가?'를 판단하는 여신업무가 가장 중요하다.

회계 연수는 신입 사원뿐만 아니라 경영 간부나 경영자에게
도 필요하다. 결정권자들의 회계 감각은 회사의 사활을 결정
한다. 부디 매년 정기적으로 회계 연수를 시행하기 바란다.

ACCOUN
FOR
THE BO$$

사장에게 회계 마인드가 부족하면 매출과 이익은 절대로 오르지 않는다. 이것이 회사가 침체에 빠지는 근본적인 원인이다. 사장뿐 아니라 개인이든 팀이든, 회사의 구성원들에게 회계 마인드가 없으면 결과를 내지 못한다. 그렇다면 회계 마인드는 구체적으로 어떻게 매출과 이익을 만들어낼까?

2장

잘 팔리고 있는데
왜 이익이 적을까?

01

무리하게
파이를 키운 사장이
폭망하는 3가지 이유

경영 상태가 악화되면 사장은 고민에 빠진다. 경영
난을 극복하기 위해 매출을 키울 것인가, 이익에
집중할 것인가. 그런데 매출이 오른다고 반드시 이
익이 보장되는 것일까? 매출이 줄어들면 이익도
줄어드는 것일까? 2장에서는 매출과 이익을 높이
는 데 회계 마인드가 어떤 역할을 하는지 더 심층
적으로 살펴보겠다.

사원	사장님, 안색이 좋지 않으시네요. 무슨 일이 있으신지요?
사장	이번 달도 이익이 시원치 않네….
사원	걱정이 많으시겠습니다.
사장	남의 일처럼 말하지 말고, 자네도 계약을 따낼 때 좀 더 이익률을 의식하기 바라네.
사원	외람된 말씀입니다만, 저는 계약을 따느라 필사적입니다. 이익률에 대해서는 사장님께서 고민하시고, 그 지침을 저희에게 주셔야 하지 않을까요?
사장	하여간 한마디도 지려고 하지를 않는다니까…. 사원들이 이익을 의식하도록 만들려면 어떻게 해야 할까? 회계사님께 상의드려야겠어.

●

왜 회사는
매출을 중시하는 것일까?

매출을 우선시해야 하는가? 아니면 이익을 더 중요하게 고려해야 하는가? 이것은 실무에서 종종 직면하는 문제다. 매출과 이익의 기로에서 고민하는 것도 이해가 간다. 물론 매출과 이익이 함께 증가하는 것이 가장 이상적이지만, 현실적으로는 그렇게 쉬운 일이 아니다. 매출을 높여도 그에 비례해서 이익이 증가하지 않는 경우가 많기 때문이다.

사장으로서는 이익이 나면 사원에게 환원할 수도 있고 빚도 갚을 수 있다. 성장하기 위한 설비투자도 할 수 있다. 반대로 이익이 지속적으로 나지 않는다면 그 사업은 늦든 빠르든 도산할 운명이다. 그럼에도 매출을 우선시하는 이유는 무엇일까?

매출 지상주의는 적자로 이어진다

기업에서 변함없이 '매출 지상주의'가 만연하고 있는 이유에 관해 생각해보자.

이유 1: 영업 사원의 관점

설령 이 안건이 적자가 되더라도 지금 수주하지 않으면 다음 일은 없을지도 모른다. 그러므로 매출을 올릴 필요가 있다.

이유 2: 사장이나 영업 사원의 관점

박리라도 계속해서 매출을 올리면 매출의 규모가 커지고 회사의 지명도 향상도 기대할 수 있다. 매입처의 평가도 높아지고, 규모의 경제가 가능해져서 언젠가는 이익이 날 것이다.

이유 3: 사장이나 경리 담당자의 관점

매출 규모가 증가하면 은행에서 융자를 받기가 쉽다.

이유 4: 사장의 관점

(사장의 성격에 따라 다르지만) 나도 회사도 거물로 보이고 싶어. 그러려면 이익을 일단 접어두고 매출을 많이 올려서 규모를 키우는 것이 가장 좋은 방법이야!

이익보다 매출을 중시하고자 하는 이유를 네 가지 소개했는데, 전부 잘못된 생각이다.

먼저 이유 1의 경우, 적자를 각오하고 낮은 단가에 수주하면 고객은 이후에도 계속 그 금액에 일을 맡기려 하기 때문에 매번 적자가 된다. 이런 안건은 처음부터 맡지 말아야 한다.

이유 2의 경우, 상품이 우수하지 못해 가격을 올릴 수 없다면, 매출액이 증가하더라도 규모의 경제가 작용할 수준에는 쉽게 도달하지 못할 것이다. 요컨대 이것은 환상에 불과하다.

이유 3의 경우, 설령 매출액이 증가하더라도 이익이 나지 않고 담보도 없다면 은행은 결국 융자를 주지 않을 것이다.

이유 4는 논할 가치도 없다. 이익을 내면서 매출을 증가시키지 않으면 자금조달에 실패해 회사가 망하고 만다.

이렇듯 매출 지상주의는 현실에 부합하지 못하는 생각이다.

갓 창업한 사장이라면 매출에 집중하라

이익보다 매출을 중시해야 하는 시기나 상황이 있는지 검토해보자.

첫째는 이제 막 회사를 차렸을 때다. 일단 매출을 올려야 사업을 계속할 수 있으므로 이익보다 매출을 내고 싶기 마련이다. 회사명이나 상품의 인지도를 높여서 최대한 많은 거래처를 만들어 더 많은 상품을 팔고 싶다. 사장이라면 누구나 이렇게 생각한다. 그리고 다음의 시책을 펼친다.

- 친구, 지인에게 개업 사실을 알린다.
- 홈페이지를 만들어서 상품이나 사업에 대해 설명한다.
- SNS에 홍보, 광고한다.
- 검색 사이트에서 회사명이나 상품명이 상위에 올라오도록 검색엔진 최적화Search Engine Optimization, SEO 대책을 실시한다.
- 무료 정보지에 광고를 싣는다.
- 상품을 무료로 배포해서 고객이 SNS를 통해 입소문을 전파하도록 유도한다.
- 판매 대리점을 물색해 계약한다.
- 인터넷 쇼핑에서 상품을 판매한다.
- 전단을 배포한다.
- 무작위로 방문 영업한다.
- 전화로 약속 시간을 잡고 방문 영업한다.
- 이벤트를 기획한다.
- 미디어(신문, 잡지, 텔레비전, 라디오 등)를 통해 홍보한다.

• 세미나나 워크숍을 정기적으로 개최한다.

사업을 막 시작한 사장이라면, 시간과 돈이 허락하는 범위 안에서 거래처를 늘릴 수 있는 모든 방법을 시도할 것이다. 그러나 '일단 이것저것 해보면 어떻게든 되겠지'라는 식으로 아무 전략 없이 무작정 움직여서는 효과를 기대할 수 없다. 시책 하나하나에 비용 대 효과를 살피면서, 즉 회계 마인드를 가지고 움직여야 한다. 효과가 없으면 즉시 멈추고 다른 방법을 시도한다. 효과가 있는 것 같으면 돈을 더 들인다. 이 과정을 반복할 필요가 있다.

이렇게 해도 매출 올리기는 쉬운 일이 아니다. 위에서 소개한 방법으로 광고를 해도 정작 상품의 좋은 품질이 동반되지 않으면 광고 효과는 오래 가지 못한다. 따라서 상품의 품질도 동시에 개선하고 강화해야 한다. 그러려면 돈이 들어가는데, 매출이 오르지 않는데 경비 지출이 선행하는 리스크가 발생한다.

또한 상품을 팔기 위해서는 어쩔 수 없이 가격을 내려야 하는 경우도 생기는데, 일단 가격을 내리면 원래의 가격으로 되돌리기는 거의 불가능하다. 정신을 차리고 보니 매출은 조금 증가했지만 이익은 전혀 나지 않는 상황에 빠질 수 있다. 개업하고 1~2년 정도는 그 상태로도 사업을 계속할 수 있을지 모르지만, 적자가 쌓이면 결국은 망한다. 그리고 가격을 내린 것을 내내 후회할 것이다.

자금력이 없으면 파이를 함부로 키우지 마라

창업 초기의 어려움을 극복해 사업이 정상 궤도에 오르기 시작했어도 계속해서 매출을 중시할 수밖에 없는 경우는 많다. 아직 회사명이나 상품명의 지명도가 낮으므로 매출을 우선할 수밖에 없는 것이다. 그러나 매출이 매달 증가하더라도 적자를 벗어나지 못한다면 결국 자금이 말라서 사업을 지속할 수 없다.

현금 장사일 경우는 팔리는 동시에 현금이 들어오므로 자금적인 문제는 일어나지 않는다. 그러나 외상 장사일 경우는 돈이 들어오기까지 몇 달이 걸리므로 주의가 필요하다. 상품의 매입 대금, 원자재비, 인건비 등은 대개 먼저 지급하기 때문에 매출이 올라서 이익이 났는데도 자금이 바닥나는 일이 발생한다. 이른바 흑자도산 상태인데, 외상 판매가 조건인 사업의 경우는 어떤 때라도 자금조달 계획을 철저히 세우면서 매출을 올리고 동시에 이익을 내야 하니 주의하기 바란다.

원래 가지고 있던 자금이나 융자받은 자금이 바닥을 드러낼 것 같으면 그전에 금융기관에서 운전자금working fund을 추가로 빌리거나 제삼자에게 증자를 요청해서 자금을 제공받아야 한다. 그럴 때는 가급적 경비를 들이지 않고 판매할 방법을 궁리하거나 판매 채널 또는 유통 경로를 바꿔보자. 혹은 광고비를 최소한으로 억제하고 품질을 높이는 타이밍에 판매 단가를 올리는 등 대담한 개혁이 필요하다.

이번에는 매출을 중시하면서도 성공한 사례를 소개하겠다. 전 세계에서 전자상거래 비즈니스를 전개하고 있는 아마존이다. 아마존은 미국에서 1997년에 상장해 자금을 조달한 뒤에도 '적자를 보더라도 점유율을 확대하기 위해 선행투자하며 사업을 전개한다'는 매출 중시, 점유율 확대 전략을 지속적으로 유지했다.

이것이 가능했던 이유는 경영자의 경영 방침과 비전을 주주들에게 명확히 전달해 주주들의 지지를 받았기 때문이다. 처음에 아마존의 비즈니스는 일반 소비자만을 대상으로 한 인터넷 서점 비즈니스, 즉 비투시BtoC뿐이었지만, 이후 서적뿐만 아니라 온갖 상품을 취급하기 시작하면서 기업과 기업 사이에서 이루어지는 전자상거래, 즉 비투비BtoB 비즈니스에도 진출하며 수많은 업계에 영향력을 끼치게 되었다. 그리고 현재는 클라우드 서비스로도 막대한 이익을 벌어들이고 있다.

최근 들어 거래처(매입처)에 대해 우월적 지위를 남용하고 있는 것이 아니냐는 공정거래법상의 문제로 논란이 되고 있지만, 아마존은 매출 우위와 점유율 확대라는 독자적인 전략으로 성장을 지속해온 매우 보기 드문 사례다.

아마존처럼 자금력이 있는 회사는 먼저 적자를 각오하고 경비를 투입해 매출을 늘림으로써 서서히 인지도를 높여 나가고, 일정 수준의 매출 규모가 되면 상품의 단가를 높여서 이익을 확보하거나, 매입처와 교섭해 매입 단가를 낮추거나(규모의 경제를 발동시키거나), 혹은 매입처에 판촉비를 대신 부담시키는 등의 방법을 사용할 수 있다. 그러나 아마존 정도의 자금력이 없는 회사는 매출 지상주의를 흉내 내지 않는 편이 좋다.

예외적인 성공 사례가 있다고는 해도 가능하면 매출 지상주의에서 빨리 졸업하는 편이 안전하다. 사장이나 경영 간부가 앞장서서 매출 지상주의를 버리지 않는 한, 이익에 대한 직원들의 의식도 낮은 상태에 머물 수밖에 없다.

돈도 직원도 잃고 싶지 않다면

매출 지상주의의 가장 큰 리스크와 문제점은 사원들이 지쳐서 나가떨어진다는 것이다. 매출이 두세 배 늘어나도 업무량이 그에 비례해서 증가하지 않는 사업(시스템이나 인터넷 대응으로 충분한 사업 등)이라면 문제가 없지만, 일반적인 사업은 매출이 두 배가 되면 그만큼 고객 수가 증가해서 준비 작업이 늘어나기 때문에 사원들이 두 배 이상의 시간을 들여서 일하게 된다.

매출이 두 배 오르고 이익도 두 배 오르면 사원을 늘릴(고용할) 수 있으므로 사원들에게 부담이 가지 않지만, 그렇지 않다면 부담은 틀림없이 커진다. 부담이 한계를 넘어서면 결국 견디지 못하고 회사를 그만둘 것이다.

　매출 지상주의를 벗어 던졌다면 다음에는 이익을 우선하며 파는 것을 지향하기 바란다. 그러려면 가급적 높은 가격을 붙여서 판매하거나(이 경우는 상품의 품질을 높이지 않는다면 고객의 지지를 얻을 수 없을지도 모른다) 최대한 낮은 가격에 매입하는 등의 궁리가 필요하다.

02

이익이라고
다 같은 게 아니야!
사장이 알아야 할 5가지 이익

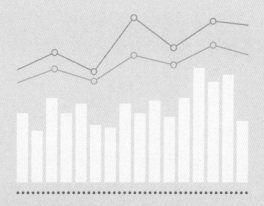

매출도 중요하지만, 이익이 나지 않으면 경영을 지속할 수 없다. 사장은 언제나 이익을 의식해야 한다. 현장에서 일하는 사람 역시 끊임없이 이익을 의식해야 한다. 이익은 크게 다섯 가지 종류가 있다. 그렇다면 다섯 가지 이익 가운데 어느 것을 지표로 삼아야 할까? 사장이 최우선으로 삼아야 할 이익은 무엇일까?

사장	자네는 이익에 다섯 종류가 있다는 사실을 아나?
사원	네? 일단 영업이익이 있다는 건 알겠는데, 나머지는….
사장	역시 모르는군. 매출총이익, 영업이익, 경상이익, 세전 당기순이익, 당기순이익이라는 다섯 종류의 이익이 있다는 건 기억하게. 자네는 이 가운데 어느 이익이 특히 중요할 것 같나?
사원	도저히 모르겠습니다. 과장님은 아십니까?
과장	나는 항상 영업이익을 주시하고 있는데….
사장	과장, 자네는 회사의 간부가 될 사람이니 눈앞의 영업이익에만 얽매여서는 안 돼. 각각의 이익에 대해 확실히 알아두게.
과장	죄송합니다, 사장님. 이번 기회에 확실히 알아두겠습니다.

●

현장에서 중요한 것은 매출총이익이다

회사의 성적표인 결산서 중에는 손익계산서profit and loss statement가 있다. 손익계산서는 1년 동안 얼마나 이익을 냈는

매출액	−	매출 원가		=		매출 총이익
매출 총이익	−	판매비와 관리비		=		영업이익
영업이익	+	영업외수익	− 영업외비용	=		경상이익
경상이익	+	특별이익	− 특별손실	=		세전이익
세전 이익	−	법인세·주민세·사업세	± 법인세 등 조정액	=		당기순이익

가 혹은 손실을 봤는가를 나타내며, 이익profit과 손실loss을 보여주는 지표다.

손익계산서는 '수익 − 비용(경비) = 이익'을 나타내고, 프로세스별로 이익을 세분화해서 보여준다. 이익은 총 다섯 가지로, 위의 표를 참조해서 이야기하면 매출총이익, 영업이익, 경상이익, 세전 당기순이익, 당기순이익이 있다는 것을 알 수 있다. 모두 이익이지만 이익의 의미가 각각 다르다. 손익계산서의 전체 구조를 이해하기 바란다.

매출액이란 1년 동안 상품이나 서비스를 고객에게 제공해서 어느 정도의 대가를 얻었는가, 즉 얼마나 팔았는가를 나타내는 금액이다. 흔히 '연 매출 100억 회사'라고 말하듯이, 매출액은 회사의 얼굴 같은 것이다.

매출액에서 상품을 팔기 위해 들어간 상품의 매입액이나 제품의 제조원가 같은 비용(매출원가라고 한다)을 뺀 금액을 매출총이익이라고 한다. 회사의 수익력이나 손익의 기본 구조를 나타내는 중요한 지표다.

1,000원에 매입한 상품을 1,300원에 판매했다면 매출액은 1,300원이고 매출원가는 1,000원이며 그 차액인 300원이 매출총이익이다. 매출총이익을 얼마나 올릴 수 있느냐에 따라 사업의 손익 구조가 크게 달라진다.

본업의 벌이를 나타내는 '영업이익'

매출원가를 매출액으로 나눈 비율을 매출원가율 혹은 원가율이라고 하고, 매출총이익을 매출액으로 나눈 비율을 매출총이익률이라고 부른다.

매출총이익률은 업종마다 차이가 있어서 음식업의 경우 65~75퍼센트, 안경 소매업의 경우 70퍼센트 전후, 소프트웨어 판매점의 경우 20~30퍼센트 정도다.

당연한 말이지만, 원가율이 낮은 업종은 매출총이익률이 높다. 가령 10만 원짜리 안경의 원가는 3만 원(원가율 30퍼센트)이므로 매출총이익은 7만 원이며, 음식점에서 파는 5만 원짜리 요리의 원가는 1만 5,000원(원가율 30퍼센트)이므로 매출총이익은 3만 5,000원이다.

매출총이익에서 판매비와 관리비를 빼면 영업이익이 남는다. 영업이익은 '본업의 벌이'를 나타내는 것으로, 그 사업의 손익 구조가 흑자 체질인지 적자 체질인지를 보여주는 중요한 지표다.

영업이익을 매출액으로 나눈 비율을 영업이익률이라고 부른다. 앞에서 이야기한 매출총이익률이 높은 업종, 예를 들어 안경 소매업의 경우는 판매비와 관리비(줄여서 판관비, 구체적으로는 임대료, 인건비, 광고선전비, 판매촉진비, 연구개발비 등의 경비)를 매출액으로 나눈 비율인 매출액 대비 판관비 비율(줄여서 판관비율)이 50~60퍼센트 전후다. 매출총이익률 70퍼센트에서 이 판관비율을 빼면 영업이익률은 10~20퍼센트 정도가 된다. 반대로 소프트웨어 판매점처럼 원가율이 70~80퍼센트로 높은 업종의 경우는 판관비율이 10~20퍼센트로 낮아지는 경향이 있다.

	안경 소매업	소프트웨어 판매점
매출액	100	100
매출 원가	30	70
매출 총이익	70	30
판매비·관리비(판관비)	60	20
영업이익	10	10

안경 소매업과 소프트웨어 판매점이라는 두 업종에 대해 매출액부터 영업이익까지를 백분율로 나타내면 80쪽 하단의 표와 같다. 모두 영업이익률이 10퍼센트인 우수한 실적의 흑자 기업을 예로 들었지만, 각 사업의 기본적인 손익 구조는 동일하다.

회계를 알면 목표가 명확해진다

지금 이곳에 영업이익률이 2퍼센트인 회사가 있다고 가정하자. 영업이익률이 2퍼센트라면 언제 적자로 전환되어도 이상하지 않은 상황이다. 사장은 '손익 구조를 재검토해서 다음 분기에는 영업이익률을 10퍼센트로 높이자'고 생각 중이다. 영업이익률 10퍼센트를 확보하기 위해 다음의 세 가지 목표를 설정했다.

목표 1: 매출액을 5퍼센트 높이자!

목표 2: 원가를 3퍼센트 낮추자!

목표 3: 판관비율을 3.5퍼센트 낮추기 위해 경비를 절감하자!

세 가지 주요 개혁안을 경영계획으로 정리해보자. 이 수치를 백분율로 수정하면 영업이익률 10퍼센트를 확보할 수 있다. 목표 1~3에 있는 매출액 상승률이나 원가와 경비 절감률

	전기(실적)		차기(계획)	
	백분율		백분율화 전	백분율화 후
매출액	100	➡ 5% 상승 ➡	105	100
매출 원가	35	➡ 3% 하락 ➡	34	32
매출 총이익	65		71	68
판매비와 관리비(판관비)	63	➡ 3.5% 하락 ➡	61	58
영업이익	2		10	10

도 달성 가능한 수준이다. 업무 현장에서도 계획 달성이 그다지 어렵지 않다는 공감대가 형성됨에 따라 상세하고 구체적인 방책을 마련했다.

사장은 경상이익을 중시한다

이제 영업이익에 본래 영업과는 직접적 관련이 적은 수익과 비용을 더하고 빼서 경상이익을 산출한다. 영업과는 관련이 적은, 혹은 관련이 없는 수익과 비용이라는 의미에서 각각 영업외수익, 영업외비용이라고 부른다.

영업외수익에는 수취 이자나 배당금이, 영업외비용에는 지급 이자가 포함된다. 은행에 예금했으면 이자를 받고, 주식을 가지고 있으면 배당금을 받고, 그것을 영업 이자에 더한다. 반대로 은행에서 돈을 빌렸으면 이자를 내야 하므로 그것을 영업이익에서 차감해 경상이익을 산출한다.

경상이익은 사업으로 번 돈뿐만 아니라 사업 이외의 재무
활동과 관련한 수익, 비용을 포함한 이익이고, 회사의 신용도
를 판단할 때 중요한 지표가 된다. 중소기업의 경우, 경영자가
곧 소유주인 사례가 흔한데, 회사가 이익을 내고 있는지, 안정
적으로 가치를 만들어낼 수 있는지 판단하는 경상이익은 소유
주가 가장 관심을 쏟는 항목일 것이다.

한편 경영자와 소유주가 다른 '소유와 경영이 분리된' 회사
의 경우라면 영업이익으로 경영자의 진정한 경영 능력을 측정
할 수 있다.

그다음 경상이익에 임시로 발생한 특별이익을 더하고 임시
로 발생한 특별손실을 빼서 세전이익을 산출한다. 경상이익이
적자일 때는 유휴자산(토지, 건물)을 팔아서 이익을 내는 경우
가 종종 있다. 판 금액에서 샀을 때의 금액(장부상의 금액)을 빼
서 이익이 났다면 고정자산처분손익이 되며, 이는 특별이익이
므로 경상이익에 더한다. 한편 고정자산을 팔아서 손실이 났
다면 고정자산처분손실이 되고, 구조조정을 해서 사업을 정리
할 때의 손실과 마찬가지로 특별손실로서 경상이익에서 차감
한다.

본업의 이익이 나지 않아서 경상이익은 마이너스였지만 소
유한 부동산이나 주식을 팔아서 특별이익이 난 덕분에 세전이

익이 플러스로 전환되어 간신히 배당금을 지급할 수 있었다는 상장회사의 사례는 어렵지 않게 찾을 수 있다.

마지막은 당기순이익이다. 세전이익에서 법인세, 주민세, 사업세 등의 세금을 차감한 뒤의 이익으로, 매출액에서 모든 경비와 세금을 뺀 뒤에 남은 돈이므로 최종 이익이라고 부르기도 한다. 주주에게 지급하는 배당금은 이 당기순이익에서 나온다.

기본적으로는 모든 이익이 플러스가 되는 것이 이상적이지만, 영업이익 단계에서 플러스(흑자)가 되지 못한다면 본업의 손익 구조 자체를 처음부터 재검토해서 개혁할 필요가 있다. 영업이익까지는 플러스이지만 차입금이 많은 탓에 지급 이자가 많아서 경상이익이 적자일 경우는 증자해서 자금을 조달하거나 유휴자산을 팔아서 차입금을 줄인다. 또한 평소에 비용을 줄이려는 노력이 필요할 것이다.

관건은 최대의 이익을 남기는 것

지금까지 설명한 다섯 가지 이익 가운에 어느 것이 가장 중요할까? 앞의 대화에서 과장은 영업이익을 중요하게 생각했는데, 사장에게 시야가 좁다고 질책받았다. 사장의 발언도 일리는 있다. 그렇다면 사장은 무엇을 중시할까? 사장은 주주에게 경영을 위임받았으므로 최종 이익인 당기순이익을 중시한다.

거기까지 책임을 져야 하는 위치에 있는 사람이 사장이다.

자신의 위치에 따라 중시하는 이익이 다른 것은 당연한 일이다. 현장의 사원에게 "영업이익을 중시하게"라든가 "경상이익까지 생각하면서 일하게"라고 말한들 사원들에게는 좀처럼 와 닿지 않는다. 최전선에서 일하는 사원들에게는 "매출총이익을 중시하세요"라고 지시해야 한다. 그들에게는 매출총이익이 가장 가깝고 친근한 이익이기 때문이다.

영업이익이나 경상이익까지 계산하면서 일해준다면 더할 나위가 없겠지만, 고객과 상담하면서 실시간으로 매출액에 판관비율을 곱해 판관비를 계산하고 영업이익을 산출할 수 있는 영업 사원이 과연 얼마나 있을까? 이 상품을 얼마에 팔면 '어느 정도의 영업이익을 얻을 수 있는가?'보다 '어느 정도의 매출총이익을 얻을 수 있는가?'가 훨씬 계산하기 쉽고 기억하기 쉬우므로 더욱 실천적이라고 할 수 있다.

구체적인 예를 들어보겠다. 지금 이곳에 판관비율(작년 결산서의 실적)이 18퍼센트인 회사가 있다고 가정하자. 매출총이익률이 18퍼센트인 상품을 팔았을 경우,

매출총이익률 18퍼센트 − 판관비율 18퍼센트 = 영업이익률 0퍼센트

라는 계산이 나오므로 반드시 매출총이익률이 18퍼센트 이

상인 상품을 팔 필요가 있다. 매출총이익률이 18퍼센트 미만인 상품을 팔면 적자가 난다는 말이다. 영업이익률 목표가 10퍼센트라면 매출총이익률이 28퍼센트 이상인 상품을 팔아야 한다. 현장의 영업 사원에게는 이런 식으로 지시해야 하며, 현장 사원들도 이것을 꼭 의식했으면 한다.

여러분도 '매출총이익률' 지상주의를 실천해보기 바란다!

03

잘 팔리고 있는데
왜 이익이
적게 날까?

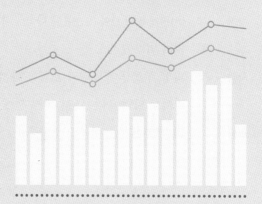

열심히 팔아서 매출을 올렸는데 환산해보니 오히
려 마이너스다. 사장인 당신에게 그런 경험이 있
는가? 왜 그런 일이 일어나는 것일까? 이런 상황
은 대부분 가격 인하의 기준이 모호하기 때문에 발
생한다. 가격을 내려서 많이 파는 것과 가격을 내
리지 않고 소량을 팔더라도 매출 총이익을 올리는
것, 과연 어느 쪽이 더 효과적일까?

사원	사장님, 오늘은 주문을 많이 받았습니다. A업체에서 3만 개를 추가 구입했습니다.
사장	수고했네. 그 가격에 그렇게나 많은 양을 팔다니, 대단하군.
사원	그게 사실은…. 많이 살 테니 조금 싸게 달라고 해서 가격을 조금 깎았습니다.
사장	그래? 얼마에 팔았나? …뭐라고? 그건 너무 많이 깎았는데. 원가도 생각했어야지!
사원	(이렇게 많이 팔아 왔는데 왜 나한테 화를 내는 거지?)원가가 얼마였지요…?
사장	과장, 부하들에게 원가 교육을 하지 않으면 아무리 팔아도 이익이 나지 않는 악순환에 빠질 걸세.
과장	죄송합니다… (어째 요즘 사장님에게 혼나는 날이 많네).

●

얼마까지 가격을
할인할 수 있는지 명시하라

상품이 처음에 정했던 가격에 팔리지 않는다면 가격을 할인할 수밖에 없다. 상품이 팔리지 않는데 아무것도 하지 않으면 상품은 점점 구형이 되어 팔리지 않고, 관리 비용 같은 불필요한 부담도 커진다. 장사의 원칙은 어떤 상품이든 '제철일 때 전부 판다'는 것이다.

앞서 '매출총이익을 중시하며 파는 것이 중요하다'고 이야기했다. 그렇다면 얼마까지 가격할인을 허용해야 하는가? 가격할인의 규칙을 어떻게 결정할 수 있을까?

3년 전과 비교하면 보이는 것들

먼저 여러분에게 물어보고 싶은 것이 있다. 독자 여러분이 일하는 회사의 사업은 어떤 콘텐츠를 갖고 있는가? 회사의 매출액은 어떻게 계산되는가? 어떤 업종이든 연간 매출액은 반드시 다음의 계산식으로 설명할 수 있다.

① 매출액 = 고객 수(명, 사社) × 평균 객단가

② 매출액 = 상품 수(개, 건, 제곱미터, 톤…) × 평균 상품 단가

③ 매출액 = A사업 매출액 + B사업 매출액 + C사업 매출액

④ 매출액 = 본점 매출액 + X지점 매출액 + Y지점 매출액

⑤ 매출액 = 기존 점포(기존 사업, 기존 상품) 매출액 + 신규 점포(신규 사업, 신상품) 매출액

⑥ 매출액 = (기존 고객 수 × 평균 기존 고객 단가) + (신규 고객 수 × 평균 신규 고객 단가)

한 가지 사업만을 하는 회사나 한 거점에서만 판매하는 회사는 ③, ④, ⑤가 불필요하지만 ①, ②, ⑥의 계산식은 적용할 수 있을 것이다.

당해 연도분의 계산을 마쳤다면 전년도와 전 전년도도 계산해보자. 3년분의 계산식을 나열하고 관찰하면 여러 가지를 알 수 있다.

①의 계산식에서 '고객 수'는 세부 분해가 가능하다. 예를 들어 연간 매출액이 52억 5,000만 원이고 연간 총고객 수가 15만 명이라면 평균 객단가는 3만 5,000원이다. 실제로 거래가 있었던 개인회원 고객 수 12만 명이라고 가정하면 1인당 연간 주문 횟수는 12.5회가 된다. 이것을 계산식으로 나타내보자.

요컨대 과거 3년의 매출 상황을 계산해보면 총고객 수, 개인회원 고객 수, 주문 횟수가 각각 어떻게 변화했고, 변화의 이유가 무엇인지 분석할 수 있다.

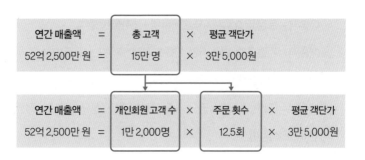

단골손님이 고정수입을 만든다

개인회원 고객 중에서 특히 상품을 많이 사준 충성 고객을 분석하는 것도 유용하다. 예를 들어 1만 2,000명 가운데 상위 20퍼센트에 해당하는 2,400명을 충성 고객으로 분류하고 그 매출을 분석했는데, 2,400명의 연간 매출액을 집계해 보니 무려 42억 원으로 전체 매출의 80퍼센트를 차지한다는 사실을 알게 되었다고 가정하자. 주문 횟수도 분석해보니 아래와 같은 계산이 나왔다.

충성 고객 분석						
연간 매출액	=	**개인회원 고객 수**	×	**주문 횟수**	×	**평균 객단가**
42억 원	=	2,400명	×	20회	×	8만 7,500원

충성 고객은 주문 횟수도 객단가도 상당히 높음을 알 수 있다. 이렇게 분석하면 어떻게 충성 고객이 계속 상품을 사도록 유도할 것인가, 어떻게 충성 고객의 수를 늘릴 것인가가 중요한 경영 과제임을 알게 된다.

①뿐만 아니라 ②~⑥의 계산식도 이렇게 분해할 수 있다. 3년분을 분석하면 각 수치의 변화를 알 수 있으며 어디부터 개선해야 할지 알 수 있다. 부디 도전해보라.

지금부터가 본론인데, 매출액을 분석하는 과정에서 주의해야 할 것은 바로 가격 할인이다. 예를 들어 ①을 분석한 결과 매출액은 3년 사이 커다란 증감이 없었음에도 이번 연도에 들어와서 평균 객단가가 하락했다고 가정하자. 한편 이번 연도의 고객 수는 매우 증가했다. 그 이유는 무엇일까?

이 경우는 통상적으로 허용되는 범위 이상으로 가격을 에누리한 것이 아니냐는 의심이 든다. 가격 할인 규칙을 명확히 정해 두지 않으면 적자가 날 수도 있다. 그렇다면 그 규칙을 어떻게 정해야 할까?

본래의 판매 가격(최초의 소매가격)으로 팔 경우는 매출총이익도 영업이익도 예상대로, 혹은 예상 이상으로 나온다. 애초에 판매 가격은 원가와 판관비에 이익을 얹는 형태로 결정하기 때문이다. 그러나 고객이 최종적으로 얼마에 사주느냐는 시장이나 경쟁 상품과의 비교에 따라서 결정된다. 다 팔지 못할 것 같으면 이른 타이밍에 가격을 할인하는 수밖에 없다. 가격을 할인한 결과 어떻게 되는지 살펴보자.

표를 보면 알 수 있듯이, 본래 가격으로 팔면 영업이익은 20이 되지만 15를 할인하면 영업이익은 5가 된다. 그리고 22를 할인하면 마이너스 2, 즉 적자다.

할인 금액이 20일 때 영업이익이 제로가 되므로 '가격할인은 20까지'라고 금액을 정해 놓거나 '가격할인은 16.7퍼센트(20÷120×100≒16.7)까지'라고 비율을 정해 놓으면 영업이

	판매 가격	15를 할인했을 경우	22를 할인했을 경우
매출액	120	120	120
가격할인	0	-15	-22
원가	-60	-60	-60
매출 총이익	60	45	38
판관비	-40	-40	-40
영업이익	20	5	-2

익이 마이너스가 되는 사태는 막을 수 있다.

대략적으로 이렇게 가격할인 규칙을 결정한다. 다만 실무에서는 문제가 조금 더 복잡해서, 얼마까지 할인해도 될지 생각할 때는 한계이익이라는 개념을 고려해야 한다. 한계이익에 관해서는 이어지는 대화를 참조하기 바란다.

지금까지 매출액 분석, 가격할인에 대해 알아보았다. 가장 중요한 것은 어떤 상품이든 판매(영업)할 때 매출원가(혹은 원가율과 매출총이익률)와 판관비(혹은 매출총이익률)를 잊지 말고 고려해야 한다는 것이다.

그다음 가격할인 규칙을 반드시 지키며, 그 규칙을 지키고 있는지 모니터링할 수 있는 시스템(판매관리 시스템)을 만드는 것이 중요하다. 판매관리 시스템은 불필요한 인력 낭비를 줄이고, 인건비를 절약할 수 있는 큰 자산이다. 사업을 성장시키는 데 필요한 것이니 꼭 판매관리 시스템을 갖추기 바란다. 현장의 영업 사원과 상사인 관리직도 고객과 가격할인 교섭을 할 때 이 지식을 꼭 활용하기 바란다.

04

거래처의 호구가 되지 않는 절대 기준, 한계이익

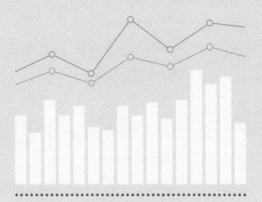

영업자 출신의 사장이라면, 매출을 상당히 중요하게 생각할 것이다. 영업 사원에게는 매달 달성해야 하는 영업 목표가 있다. 이것 때문에 월말이면 위장병이 생기는 영업 사원도 적지 않다. 곰곰이 생각해보면 영업 목표의 기준은 이익이 아니라 매출일 때가 많다. 왜 이익을 중시해야 한다면서도 목표의 기준은 이익이 아닐까?

사원	요즘 사장님께서는 이익, 이익, 이익 말씀만 하시네요.
사장	그럴 수밖에 없지. 이익이 안 나면 자네 급여도 못 준다고. 보너스는 꿈도 꾸지 못하고 말이야.
사원	그거야 저도 알지만 저기 벽에 붙은 막대그래프를 봐주세요. 이익이 아니라 매출 그래프이지 않습니까? 저런 식으로 다른 사원들과 경쟁시키고 있으니 이익보다 매출을 더 의식할 수밖에 없습니다.
사장	자네 말을 듣고 보니 왜 이익을 목표로 삼지 않는지 나도 명확한 이유를 모르겠군. …앗, 회계사님! 언제 오셨습니까?
회계사	조금 전에 와서 두 분의 대화를 듣고 있었지요. 그 의문의 포인트는 바로 한계이익에 있습니다.
사장, 사원	한계이익이요?
회계사	먼저 매출 기준으로 영업 목표를 부과할 경우와 이익 기준으로 영업 목표를 설정할 경우의 장단점을 생각해보세요. 그다음 한계이익이 무엇인지 설명하겠습니다.

●
한계이익을 이해하면
회계가 재미있다

최근에는 별로 보이지 않지만, 예전에는 각 영업 사원의 매출을 막대그래프로 표시해서 벽에 붙여 놓는 회사를 종종 볼 수 있었다. 매출 실적을 벽에 붙여 놓으면 영업 사원들이 서로 경쟁하게 만드는 효과는 있겠지만, 정신 건강에 좋지 않기 때문에 계속했다가는 이직률만 높아지지 않을까 싶다. 막대그래프라는 '채찍'을 휘두르기보다 영업 사원 모두가 서로 협력하고 지혜를 짜내며 일하는 시스템으로 바꾸는 편이 효율적일 것이다.

매출액을 영업 목표로 삼을 때의 단점

매출액과 이익 중 어느 쪽이 영업 목표로 실행하기 수월할까? 여기에는 앞에서 다뤘던 '가격할인은 어느 정도까지 허용되는가?'의 문제도 포함된다.

먼저 전자에 대해 생각해보자. 결론부터 말하면, 실무에서 영업 목표로 삼기에 더 적합한 기준은 매출액이다. 이익을 영업 목표로 삼으면 매번 매출액에서 매출원가와 판관비를 뺀 영업이익을 일일이 산출해야 하는데, 교섭 중에 이것을 계산하는 것은 계산이 서툰 사람에게는 굉장히 힘든 작업이다. 계산한 결과, 이익이 날 것 같지 않으니 이 방법으로 파는 것은 그만두자는 식으로 몸을 사릴 우려도 있다.

그러나 매출액을 영업 목표로 삼는 것의 단점도 물론 있다. 일단 매출을 올리고 보자는 생각으로 빈번하게 가격할인을 하게 되고, 그 결과 이익이 나지 않는 사례가 늘어날 수 있다는 점이다. 매출액이 커져도 매출총이익률이 낮은 상품의 구성 비율이 높으면, 팔기는 많이 팔았는데 이익은 생각보다 적을 수 있다. 또한 매출을 올리기 위해 금액에 비례해서 판촉비나 수수료를 제삼자에게 지급한다고 계약을 맺는 바람에 그 계약이 이익을 압박하는 경우도 있다.

가격을 할인할 때는 매출원가와 판관비를 고려해야 한다. 예를 들어 판매 가격이 1,200원인 상품의 원가가 600원이라고 가정하자. 원가는 그 상품을 매입했을 때 들인 돈이므로 이해하기 쉬울 것이다. 상품의 판매 가격에는 판관비도 들어 있는데, 이것은 영업하기 위한 인건비나 경비, 본부 관리부의 인건비나 경비를 포함한 것이다. 판관비를 계산할 때는 먼저 1년 동안의 판관비를 연간 매출액으로 나눠서 매출액 대비 판관비 비율(판관비율)을 구한다. 만약 이것이 33.3퍼센트라면 매출액 1,200원에 대응하는 판관비는 1,200원에 33.3퍼센트를 곱한 399.6원, 약 400원이 된다.

처음에 정한 판매 가격인 1,200원으로 판다면 영업이익은

1,200원에서 원가 600원과 판관비 400원을 뺀 200원이다. 당연한 말이지만, 200원을 할인해서 1,000원에 팔면 영업이익은 0원이다.

따라서 가격할인이 허용되는 금액은 1,200원과 1,000원의 차액인 200원이라는 결론이 나온다. 영업 담당자는 이처럼 회계 마인드를 발휘해, 매출액을 의식하면서도 원가와 판관비(또는 판관비율)를 동시에 생각하며 행동해야 한다.

가격할인의 마지노선은 한계이익 제로까지다

이어서 생각할 것은 '가격할인은 어느 정도까지 허용 가능한가?'라는 문제다. 먼저 여러분에게 질문하겠다. 앞에서 '할인이 허용되는 금액은 1,200원과 1,000원의 차액인 200원'이라고 했는데, 정말로 200원 이상 할인은 금물일까?

이렇게 가격할인의 선을 간단히 결정할 수 있는 상품만 있는 것이 아니다. 가격할인을 해서라도 지금 당장 팔지 않으면 신선도가 떨어지는 상품이나, 팔지 못한 재고가 남았을 때 보관 비용을 무시할 수 없는 상품, 재고를 보관해도 팔린다는 보장이 없는 상품, 폐기하는 비용이 큰 상품 등 크게 할인을 해서라도 팔아야 하는 경우 또한 많다.

이런 상품은 한계이익이 제로가 될 때까지는 가격할인을 되지만, 그 이상의 가격할인은 절대로 금물이다. 한계이익은 손익계산서에도 등장하지 않는 이익이지만, 실무에서는 자주 나오니 꼭 알아둘 것을 권한다.

한계이익을 이해하기 위해서는 '매출원가'와 '판관비'를 더한 비용을 두 가지로 구분하는 것에서 시작해야 한다. 매출액에 비례해서 증가하는 비용과 매출을 올리든 못 올리든 변함없이 일정하게 들어가는 비용으로 무리하게 나누는데, 전자를 변동비, 후자를 고정비라고 부른다. 여기에서 '무리하게'라고 말한 이유는 이 세상에 완전한 변동비나 고정비 계산식은 존재하지 않기 때문이다. 고정비로 불리는 인건비조차도 야근수당이나 아르바이트의 급여가 증감함에 따라 변동하는 부분이 있다.

소매업이나 유통업이라면 매출원가는 전부 변동비이며, 판관비 가운데 포장비, 운송비, 물류비, 판매수수료 등 상품을 팔 때마다 그에 비례해서 발생하는 비용도 변동비다. 고정비에는 판관비 속의 인건비, 설비비(감가상각비 포함), 임대료 등 변동비 이외의 비용이 포함된다.

제조사의 경우 변동비에 매출원가 속의 원재료비와 판관비 속의 일부 비용이, 고정비에 변동비 이외의 모든 비용이 포함된다. 소매업에서 비용을 변동비와 고정비로 구분한 손익계산서를 살펴보자.

매출액	1,200
변동비	
매출원가	-600
판관비 속의 변동비	-80
한계이익	520
고정비	
판관비 속의 고정비	-320
영업이익	200

본래의 판매 가격으로 판매한 경우다. 한편 한계이익이 제로가 될 때까지, 즉 520원을 할인해서 판매했을 경우 다음과 같다.

매출액	1,200
가격할인	-520
변동비	
매출 원가	-600
판관비 속의 변동비	-80
한계이익	0
고정비	
판관비 속의 고정비	-320
영업이익	-320

이 경우는 판관비 속의 고정비만큼 적자를 본다.

손익분기점은 어디에 있는가?

이 회사의 손익 구조에서는 매출이 오르든 오르지 않든 판관비 속의 고정비(대표적으로 인건비, 설비비, 임대료)가 발생한다. 여기까지는 부담금(적자액)으로 허용할 수 있지만, 이것을 뛰어넘는 적자는 허용할 수 없다. 상품을 팔수록 적자가 눈덩이처럼 불어나기 때문이다.

따라서 '한계이익이 제로 이하가 되는 가격할인은 절대 금물!'이라고 말할 수밖에 없다.

실제 적용할 수 있는 가격할인은 한계이익이 제로가 되는 520이 한계이며, 43.3퍼센트(520÷1,200×100≒43.3)를 넘는 할인은 절대 하지 않는다는 식으로 규칙을 정한다.

한계이익이 플러스면 충분하다는 것은 환상일 뿐이고, 적자지만 '여기까지는 그래도 괜찮다' 정도로 생각해야 한다. 한계이익이 플러스여도 영업이익이 적자라면 장기간 그 상태가 계속될 경우 자금이 말라서 사업을 계속할 수 없게 될 것이다.

비용을 변동비와 고정비로 분해하면 이익이 플러스마이너스 제로가 되는 매출액(손익분기점)이 얼마인지 알 수 있다.

비용을 매출이 오르든 오르지 않든 발생하는 고정비와 매출액에 비례해서 발생하는 변동비의 두 종류로 나눈다면, 이익을 만들어내는 계산식은 다음과 같다.

$$매출 - (변동비 + 고정비) = 이익$$

이 식을 변형시킨다.

$$(매출 - 변동비) - 고정비 = 이익$$

여기에서 이익이 제로가 되는 매출액을 손익분기점이라 하고, 이익 = 0으로 놓고 식을 변환한다.

$$매출 - 변동비 = 고정비$$

이제 양변을 S로 나눈다.

$$(매출 - 변동비) / 매출 = 고정비 / 매출$$

이 식의 좌변과 우변의 분모를 이항한다.

$$매출 = 고정비 / (1 - 변동비 / 매출)$$

이것이 손익분기점을 산출하는 계산식이다. 자사의 비용을 고정비와 변동비로 분해해서 이 식에 대입하고 계산하면 손해와 이익이 균형을 이루는 매출액이 산출된다.

현시점에서 자사의 매출액이 그 손익분기점보다 많다면 '여유가 있다'고 말할 수 있다. 손익분기점은 가급적 낮은 편이 좋으므로 고정비를 줄이거나, 변동비율(변동비÷매출)을 낮추거나, 변동비 자체를 줄이거나, 판매 가격을 인상하거나, 매출 수량을 늘리는 것이 바람직하다.

05

사장이
회계를 모르면
리스크가 두려운 법

현금이 돌지 않으면 사장은 불안하다. 매출과 이익
이 생기더라도 실제 수금으로 이어지지 않으면 회
사는 곤경에 처한다. 상대 업체가 대금 지급을 기
다려 달라고 부탁할 때도 있다. 그럴 때 여러분은
어떻게 하는가? 잘못된 판단을 하지 않기 위해서
는 회계 마인드가 필요하다. 판단을 잘못하면 큰
손실을 볼 수 있으니 주의하자.

사원	사장님, 단골 거래처인 A시스템이 대금 지급을 3개월만 기다려 달라고 합니다. 그래도 될까요?
사장	또? 벌써 몇 번째인지 모르겠군. 혹시 자네를 만만하게 생각하는 게 아닌가?
사원	저 때문인가요? A시스템은 조금 늦어진 적은 있어도 결국 대금을 다 지급했으니 조금 기다려도 괜찮지 않을까 싶습니다만….
사장	그야 그렇지만, 이쪽도 예산이라는 게 있단 말이지. 너무 쉽게 생각해도 곤란하다고. 안 그렇습니까, 선생님?
회계사	그렇습니다. 지급이 늦어지는 것은 언뜻 손해가 없어 보여도 명백한 손실이지요. 이번에는 지급이 늦어지는 것의 리스크를 구체적으로 이야기해보겠습니다.

●

대손 리스크를
피하는 비법

이런 일은 종종 일어난다. 자금조달이 어려워진 고객이 대금 지급을 조금만 기다려 달라고 부탁한다. 이것을 한 번 허용하

면 같은 부탁이 두 번, 세 번 반복되기 마련이다. 이런 경우에
는 몇 가지 의문이 생긴다.

① 고객에게 판매하기 전에 기본 거래 계약서를 제대로 체결하고 회수
　조건을 정했는가?

② 고객에 대한 여신을 판정하고 여신액을 정했는가?

③ 상환기한 연장을 처음 의뢰받았을 때 얼마나 기다려 주기로 했는
　가? 실제 지급은 언제 되었는가?

④ 이번 상환기한 연장 요청에는 어떻게 대응할 것인가?

⑤ 회수하지 못하면 어느 정도의 손실을 보는가? 그 금액을 다른 거래
　로 회수하려 하면 어느 정도의 매출을 올려야 하는가?

회계 마인드로 회사를 지켜라

먼저 ①과 ②에 관해서는 현금 소매일 경우를 제외하면 고객
에게 지급 능력이 있는지 없는지를 판단한 다음에 상품을 팔
아야 한다. 지급 능력이 없는 고객에게 팔면 판매 대금을 회수
하지 못해 손해를 본다.

　그러므로 처음 판매할 때는 고객의 신용 상황을 조사한 다
음 상대와 기본 거래 계약을 체결해서 마감일과 어음 기일 등
회수 조건을 결정한다. 또한 계약서에 기재하지는 않더라도
선금을 받은 다음 판매한다든가 여신액을 결정한 다음 판매하

는 편이 좋을 것이다. 몇 차례 판매하는 사이에 신용도가 오르면 여신액을 높인다.

③과 ④의 경우, 대금 지급을 기다려 달라는 부탁을 처음 받았을 때는 그때까지 약속대로 대금을 지급해줬으니 한 번은 어쩔 수 없다고 생각해 지급 기한을 정하지 않은 채 "알겠습니다"라고 대답했을 것이다. 그때는 1개월 이내에 대금을 받은 듯하지만, 이번에는 "3개월만 기다려 주십시오"라고 부탁한 것을 보면 자금조달에 어려움을 겪고 있는 듯하다. 다른 거래처에도 똑같은 부탁을 했을지도 모른다.

먼저 상대 회사에 가서 재무 상황에 대한 설명을 듣고, 회사나 창고를 시찰하며, 경영자의 건강 상태나 안색을 살필 것을 권한다. 괜찮겠다는 생각이 들면 기한을 정해 상환기한 연장에 응하며, 문제가 있다 싶으면 즉시 대금을 회수하기 위해 변호사와 의논하거나 지급을 독촉해야 할 것이다.

거래처가 상환기한 연장을 요구한 시점에 통상적인 외상매출금이 아닌 대부금으로 바뀌었다고 생각하고 이자를 포함해 계약서를 다시 작성하며, 거래처가 부동산이나 재고 상품, 채권 등을 보유하고 있다면 담보로 잡는 방안을 검토해도 좋다.

마지막 ⑤의 경우, 전년도에 판매했던 1,000만 원의 외상매출금이 거래처의 도산으로 회수 불능 상태가 되었다고 가정하자. 이것을 단순히 1,000만 원의 손실(대손)이라고 할 수 있을까? 표면상으로는 '네'이지만, 그 손실을 어떻게 만회할지를 생각하면 답은 '아니요'다. 1,000만 원을 다른 거래로 만회하려면 가령 매출총이익률이 20퍼센트인 회사의 경우 1,000만 원÷0.2 = 5,000만 원이나 되는 매출이 필요하다.

문제는 여기에서 끝나지 않는다. 설령 5,000만 원의 매출을 올리더라도 이것은 대손을 메우는 데 사용될 뿐 회사 전체의 이익에 전혀 기여하지 못한다. 상세한 조건은 생략하지만, 대손이 없을 때 회사 전체의 경상이익률이 9퍼센트였던 것이 대손 처리와 5,000만 원의 거래 뒤에 8퍼센트로 떨어졌다면 경상이익률을 원래의 9퍼센트까지 되돌리기 위해서는 9,090만 원의 매출을 올려야 한다. 손실을 만회하는 것은 매우 힘든 일이다.

대손이 발생한 뒤에 눈물을 흘리기보다 신용할 수 없는 상대에게는 상품을 팔지 않는, 즉 여신 관리를 철저히 하는 것이 중요하다. 회계 마인드는 자신의 몸을 지키기 위한 최소한의 안전벨트다.

06

최소한 1년 치 먹거리는 깔고 있어라! 예산의 의미

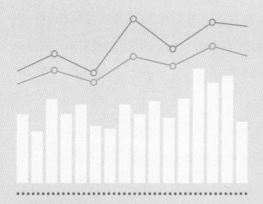

사장은 예산 감각이 철저해야 한다. 그런 사장이 경영하는 회사에는 하나의 특징이 있는데, 사원의 목표 달성 의식이 높다는 것이다. 반대로 사장의 예산 감각이 허술하면 사원의 의욕도 오르지 않는다. 예산은 사장이나 사원 모두에게 중요한 지표다. 그렇다면 좋은 예산과 나쁜 예산의 차이는 무엇일까?

과장	요즘 회계사님께 너무 많은 것을 배우는 바람에 머리가 터질 것 같군. 오늘은 쉬었으면 좋겠는데 말이지….
사원	아까 사장님께서 예산이 어떻게 되었는지 빨리 알려 달라고 하시더군요.
과장	예산이라니, 또 머리가 지끈거리는군.
사원	뭔가 살 게 있는 겁니까? 예산이 초과되었나요?
과장	지금 무슨 소리를 하는 건가. 그 예산이 아니야. 자네는 예산이 뭔지 모르나?
사장	과장, 무슨 일인가? 예산 문제로 머리가 아픈 건가, 아니면 부하 때문에 머리가 아픈 건가? 하하하.
과장	사장님, 이건 웃을 일이 아닙니다.
사원	과장님도 사서 고민하는 타입이란 말이지. 돈 문제는 경리하고 의논하면 될 것을….

●

예산은
사장의 뇌를 자극한다

일반적으로 예산은 물건을 살 때 세우는 계획 혹은 지출의 한도액을 말한다. 회사에서 사용되는 '예산'도 이와 비슷한 의미지만, 보통은 1년 경영계획의 목표치를 가리킨다. 구체적으로 손익계산서 계정 과목에 각각 연간 예산 금액을 계획하고, 나아가 매달의 예산이나 영업소 등 거점별 예산을 작성한다. 이것을 만들 때는 설비투자 계획이나 채용 계획과 연동시켜야 한다.

예산이 없으면 앞으로 나아가지 못한다

통상적으로 예산 위원회에서 각 부서장이 작성한 예산서와 전 분기 성장률, 이익률 등을 바탕으로 토의를 거쳐 예산안을 만들고 이사회에서 의결한다. 3월 결산인 회사의 경우 3월 말 또는 4월 초순에 이것을 발표한다.

3월 결산인 회사라면 1월부터 3월 중순까지가 다음 분기의 예산을 편성하는 시기다. 12월 중순부터 시작하는 회사도 많을 터인데, 통상적인 업무를 보는 가운데 3월 말까지의 실적치를 예측하고 그 숫자와 비교하면서 다음 분기의 예산 금액을 결정해야 하므로 힘든 작업이다.

중소기업의 경우는 예산을 편성하는 곳이 적고, 예산이라고 해도 매출액의 예산만 편성하는, 즉 매출원가와 경비, 이익 등의 예산은 편성하지 않는 회사가 많다.

예산은 항해용 지도와 같아서, 그 지도가 없으면 기업이라는 배가 어디를 어떻게 항해하고 있는지 알 수가 없다. 계획대로 나아가고 있는지 검토하고, 예산과 실적을 비교해서 차이가 있으면 그 원인을 분석해 궤도 수정에 활용한다. 이를 위해서도 예산을 편성할 때는 손익계산서와 똑같이 매출액부터 매출원가, 매출총이익, 판매비와 관리비, 영업이익, 세전이익 등 각 계정 과목의 수치를 예측한다. 매출액의 예산은 상품 부문별, 거점별로 편성하는 동시에 월별로 계획하며, 판매비와 관리비의 예산도 각 계정 과목별로 편성한다. 제조사라면 제조원가명세서를 기반으로 예산을 편성한다.

다음 달 초에 월별 결산서가 완성되면 사전에 편성했던 예산과 실적을 계정 과목별로 비교한다. 만약 차액이 발생했다면 그 원인을 조사한다. 가령 서울 영업소의 1월 매출액이 예산에서는 3억 5,600만 원이었는데 실적은 2억 8,500만 원이었다면 차이는 7,100만 원(19.9퍼센트)이다. 이 예산을 작성한 사람은 서울 영업소장이므로 영업소장이 차이가 난 원인을 분석한다. 8,500만 원짜리 안건을 다른 회사에 빼앗겼기 때문이라고, 예산과 실제 실적에 차이가 난 원인을 월별 자료에 기재한다. 다음에는 어떻게 하면 안건을 빼앗기지 않을 수 있을지 대책을 마련한다.

모든 차이를 조사하기 어려우므로 '예산을 플러스마이너스 5퍼센트 초과'했을 경우에 그 차이를 분석한다.

전년도 답습형 예산 편성은 금물

'전년도 대비 몇 퍼센트 상승'과 같은 '전년도 답습형' 예산은 쉽게 세울 수 있지만, 이렇게 하면 열심히 머리를 쥐어짜서 예산을 달성하려는 마음이 생기지 않을 수도 있다. 가령 '매출액을 전년도 대비 3퍼센트 상승시키자'고 예산을 세웠다고 가정해보자. 3퍼센트 정도라면 쉽게 달성할 수 있다는 생각에 판매 전략을 거의 바꾸지 않고 거래처를 조금 늘린다는 전략을 짰다가 결국 전년보다 매출이 2퍼센트 하락하는 일도 충분히 일어날 수 있다.

예를 들어 현재의 판매 체제로는 달성하기가 매우 어렵다고 생각되는 '전년도 대비 1.5퍼센트 인상' 예산을 편성하면, 이를 달성하기 위해 판매 체제부터 전략까지 전부 재검토할 것이다. 설령 전년도의 1.2퍼센트 정도에 그쳐서 목표 예산을 달성하는 데 실패하더라도 훌륭한 성과를 냈다고 할 수 있다.

원가나 경비에 대해서도 비용을 절감할 방법을 궁리할 것이다. 예를 들어 전년도의 매출원가율이 52퍼센트였던 것을 '49퍼센트로 낮춘다'는 예산(목표)을 세웠을 경우, '3퍼센트의 비용 절감'을 위해 제조 공정, 원재료, 보조 재료, 위탁가공 등을 전부 철저히 재검토할 필요가 있다.

예산을 편성한들 실적과 큰 차이가 날 때가 있으니 의미가 없다고 생각할 수도 있다. 하지만 몇 년 정도 예산을 편성해서 실행하다 보면 예산과 실적이 크게 차이 나지 않는다는 것을 확인할 수 있다.

자금조달표cash flow schedule 또한 손익계산서 못지않게 중요하다. 이것은 월별로 '경상수지'와 '재무수지財務收支'라는 두 항목의 현금 수입과 현금 지출에 관해 예산 금액을 산정해서 기재하고, 매달 말 예상 현금·예금잔액을 산출한다.

매달 경상수입과 경상지출을 계획해 나가면 그 차액인 경상수지가 보인다. 만약 이것이 매달 적자라면 매달 말에 현금·예금잔액이 점점 줄어들게 되므로 돈을 빌릴 계획을 세워야 한다.

1년 동안의 자금 흐름을 계획하는 것이 자금조달표다. 자금조달표는 현금이 입금되지 않아도 (외상으로) 매출이 계산되어 이익이 나는 손익계산서(예산)와 달리 오직 현금흐름에 주목

전 월말 현금·예금 잔액		
경상수지	(+)	경상수입 = 현금 매출, 외상 매출금 회수, 받을어음 입금
	(−)	경상지출 = 현금 매입, 지급어음 결제, 인건비 지급, 외주비·경비 지급, 설비투자, 세금, 배당금, 지급 이자
재무수지	(+)	재무 수입 = 차입금 수입, 증자, 회사채 발행
	(−)	재무 지출 = 차입금 상환
당월말 현금·예금 잔액		

한 기본적이고 중요한 계획서다. 손익계산서상으로는 거액의 이익이 났지만 실제 자금은 바닥을 드러내는 일이 일어나지 않도록 주의해야 한다.

내년도 재무상태표를 확보하라

나는 항상 사장들에게 말한다. "추정손익계산서와 자금조달 표뿐만 아니라 1년 후의 재무상태표(추정재무상태표)도 만들어야 합니다." 그 이유를 설명하겠다.

추정손익계산서나 자금조달표에서 작성한 수치는 전부 재무상태표와 연결되어 있다. 따라서 각 수치의 움직임은 최종적으로 1년 후의 재무상태표 수치에 반영된다. 예를 들어 손익계산서의 매출액이나 원가의 움직임은 재무상태표의 재고 (재고자산)나 외상매출금, 외상매입금에 반영되며, 자금조달표에서 자금이 부족해지면 재무상태표의 현금, 예금이나 차입금에 영향을 끼친다.

요컨대 1년 동안 얼마를 벌어들여서 어느 정도의 돈이 모이도록 계획했는지 아는 것에 그치지 말고, 1년 후 회사가 어떤 체형이 되었을지 예상해야 한다. 회사 전체를 봤을 때 대사증후군 상태가 되었을지 아니면 근육질 체형이 되었을지, 재정상태가 건전한지 그렇지 못한지 알 수 있도록 예산 재무상태표를 만드는 것이 좋다는 말이다. 작년도 말의 재무상태표와 1

년 후의 추정재무상태표를 비교하면 그것까지 알 수 있다.

회사는 경영 이념이나 목표를 공유하는 동료들로 구성된 조직이다. 회사에서 연간 예산이 편성되면 각 부서는 할당된 예산 달성에 매진하는데, 사원들이 예산을 회사가 일방적으로 강요한 목표라고 생각한다면 목표 달성은 어려울 것이다. 경영자와 간부들은 왜 그 숫자가 설정되었는지를 명확히 설명해야 한다. 예산을 달성할 수 있을지 없을지는 현장에 달려 있다는 인식을 모두가 공유하고, 하나가 되어 목표를 향해 나아가는 것이 이상적이라고 할 수 있다.

07

똑똑하게 분배하는 사장이라야 일 잘하는 직원이 남는다

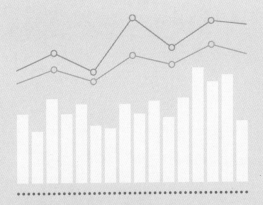

사장은 직원들에게 이익률을 높이라고 한다. 그렇다면 사장은 실제로 생긴 이익을 어떻게 사용하고 있을까? 전부 사장의 주머니로 들어가지는 않겠지만, 제대로 사용하지 않는다면 사원들은 열심히 일한 만큼 보상받지 못하고 있다고 생각할 것이다. 이런 생각은 업무 의욕을 저하시킨다. 과연 이익을 어떻게 사용해야 이상적일까?

사원	사장님, 저도 이제 입사 3년 차입니다만, 지금까지 급여가 거의 오르지 않았고 보너스도 받은 적이 없습니다. 회사도 어느 정도 이익을 내고 있으니 사원들에게 일정 부분 환원해야 하지 않습니까?
사장	회사가 자네에게 주는 급여의 값어치를 하려면 급여의 여섯 배를 벌어야 한다고 듣지 않았나. 그 이야기를 들은 지 얼마나 됐다고 그런 소리를 하나? 이익이 나고 있지만, 그 이익으로 자네의 급여를 올리기보다 새로운 사업을 하거나 인재를 고용할 걸세.
사원	인재를 고용하고 싶은 마음은 저도 이해합니다만, 지금 있는 사원들의 행복도 중요하지 않습니까?
사장	그것도 맞는 말이야. 하지만 지금은 회사를 더 크게 키우는 게 우선이야. 계속해서 선행투자를 할 생각이네.
사원	사장님은 회사를 더 키우고 싶으시겠지만, 저는 그러고 싶은 마음이 없습니다. 급여도 안 올려 주는데 지금보다 더 일하고 싶지 않고요.
회계사	의견 차이가 좁아지지 않는군요. 회계 관점에서 왜 사업을 키울 필요가 있는지 생각해봅시다.

●
이익 중 3분의 1을
직원에게 환원한다면

가령 상반기의 이익을 당기에 사원 전원의 급여를 인상하는
데 사용한다면 어떻게 될까? 상반기의 호조가 지속된다는 보
장은 없으므로 인건비만이 상승한다면 당기에는 큰 적자를 볼
가능성이 있다. 통상적인 임금 인상률을 뛰어넘는 급격한 임
금 인상은 경영계획을 저해한다. 급여 체계의 재검토도 그렇
게 쉬운 일은 아니다.

사실 이 대화에는 세 가지 문제가 얽혀 있다. 첫째, 왜 사장
은 회사를 성장, 확대해 나가야 한다고 생각하는가? 둘째, 벌
어들인 이익(세후이익)은 누구의 것인가, 즉 회사는 누구의 것
인가? 셋째, 벌어들인 이익을 누구를 위해 사용해야 하는가?

성장은 필요하지만 확대는 의무가 아니다

첫 번째 문제부터 설명하겠다. 세상에는 일하는 사람 전원이
가족이어서 모두 먹고살 수 있을 만큼만 일하면 되는 회사도
있다. 그러나 사장의 가족이 아닌 타인을 고용한 회사의 경우,
사원 모두의 정년퇴직까지는 아니더라도 최소한 어느 정도의
미래까지는 사원의 생활을 보장해야 한다. 가령 대학교를 졸
업하고 신입으로 입사한 사원도 결혼해서 아이가 생기면 지출

이 늘어난다. 결혼을 안 하더라도 나이 든 부모를 돌보거나 취미 활동을 함에 따라 지출이 늘어나기 마련이다.

회사가 급여를 올려 주지 않는다면 시간이 지나도 생활에 여유가 생기지 못하며, 그런 사원들을 가까이서 지켜보는 사장은 조금이라도 급여를 올려 주고 싶은 마음이 들 것이다.

그렇다면 급여를 올리기 위해서는 어떻게 해야 할까? 당연히 매출액, 이익이 증가해야 한다. 그러려면 회사의 규모를 키우는 수밖에 뾰족한 해결책이 없다고 생각하는 것은 사장으로서 당연한 결론일지도 모른다.

고도 성장기는 이미 오래전에 끝났고, 우리는 이제 규모가 크면 무조건 좋다는 사고방식이 성립하지 않는 시대를 살고 있다. 수십 명 규모의 회사도 주식을 상장하고, 심지어 업계의 정상에 군림하는 예도 드물지 않다. 자사에 공장이 없어도 제품을 기획, 설계하고 제휴 공장에 발주해서 제품을 만드는 것이 가능하다.

사원의 수를 늘리지 않아도, 설비를 늘리지 않아도 매출액이나 이익을 증가시킬 수 있는 시대가 된 것이다. 다시 말해 매출액이나 이익을 증가시키는 것과 규모를 확대하는 것이 반드시 양의 상관관계가 아니라는 것을 이해하기 바란다.

여담이지만, 최근 시골에서 유유자적 살고 싶다, 일하고 싶을 때 일하는 프리랜서가 되고 싶다, 일과 사생활의 균형을 중시하고 싶다, 취미를 활용해서 부업을 하고 싶다는 사람들이 늘어나고 있다. 대량생산, 대량소비에 질린 성숙한 사회에서는 당연한 현상이 아닌가 싶다. 유유자적한 생활에 매료되어 악착같이 일하고 싶지 않다고 말하는 사람이 늘어났지만, 많은 사람이 악착같이 일하지 않고도 죽을 때까지 그 생활을 지속할 수 있을 만큼 만만한 사회나 회사가 과연 현실에 존재할까? 나는 상상할 수 없다. 물론 재택근무 등의 텔레워크나 스마트워크는 분명히 늘어나겠지만, 많은 사람이 책임감 없이 즐기면서 일할 수 있는 사회나 회사를 기대하기는 어렵다.

성실한 사장은 있는 힘껏 열심히 일하자고 생각할 것이다. 직원의 급여를 인상하고, 복지를 보장하기 위해 사장은 매년 조금씩이라도 매출을 늘려나가기를 바라는 것이다.

사원의 의욕이 높아지는 이익 배분 방법

두 번째 문제인 '벌어들인 이익은 누구의 것인가?'와 세 번째 문제인 '벌어들인 이익은 누구를 위해 사용해야 하는가?'를 함께 생각해보자.

먼저, 법률적으로 답하자면 '회사는 주주의 것'이다. 주주에게는 경영자(임원)를 선정하고 해임할 권리가 있으며, 그 회사를 타인(타사)에게 매각하고 다른 회사와 합병시킬 권리도 있다. 물론 해산시킬 권리도 있다. 이런 것들은 회사의 최고 의사 결정 기관인 주주총회에서 결정된다.

회사의 소유자가 주주라면 회사가 벌어들인 이익은 전부 주주의 것이 되며, 극단적으로 말해 남은 이익은 전부 배당금으로 돌려야 한다.

한편 사회 통념상 회사는 주주만의 것이 아니라 사장과 임원을 포함한 사원 모두의 것이라든가, 회사는 고객을 위해, 나아가 사회를 위해 존재하므로 '관련된 이해 관계자 모두의 것'이라고 생각한다. 또한 회사는 사회 일반에 인정받은 공기公器이므로 '사회에 도움이 되는 사업만이 존재 의의와 가치가 있으며 지속될 수 있다'고 생각한다. 이것은 일종의 이상론이다.

결국 회사가 벌어들인 이익은 주주, 경영자, 사원, 거래처, 고객, 나아가 사회에 널리 환원될 필요가 있다. 회사의 이익은 주주에게는 배당금으로, 경영자와 사원에게는 급여와 상여금으로, 거래처에는 안정적인 거래량과 금액으로, 고객에게는 높은 품질, 서비스와 부담 없는 가격으로, 사회에는 세금이라는 형태로 환원된다.

예를 들어 어떤 회사의 세전이익이 8억 원이고 세율이 40퍼센트라고 가정하면, 정부나 지방자치단체에 납부하는 세금은 3억 2,000만 원이다. 그 세금을 빼면 세후이익은 4억 8,000만 원이다.

주주 배당금은 여기에서 지급되므로, 배당성향(세후이익에 대한 배당금의 비율)을 30퍼센트라고 가정하면 1억 4,400만 원이다. 나머지 3억 3,600만 원은 내부 보류로 회사에 남는다. 결과적으로 재무상태표의 자본이 그만큼 증가한다.

이것이 법적인, 그리고 일반적인 실무상의 흐름이다. 회사가 벌어들인 이익은 세금이라는 형태로 사회에, 배당금이라는 형태로 주주에게, 나머지는 회사의 미래를 위해 비축되는 것이다.

앞에서 이야기한 회사의 이상론에 비추어보면, 사원의 의욕을 높인다는 의미에서 이런 식으로 보수를 결정하고 이익을 나누는 방법도 있다. 영업이익의 예산을 달성했다면 그 예산을 초과한 금액 중 3분의 1을 사원과 경영자에게 결산 상여로 환원하는 것이다.

3분의 1의 근거는 '이익이 나면 주주, 경영자·사원, 회사'에 각각 3분의 1씩 나눈다는 발상이다. 이런 방식을 도입한다면 사원 모두가 열심히 일할 계기를 만들 수 있을지도 모른다.

08

사장이 알아야 할
'좋은' 적자와
'나쁜' 적자의 차이

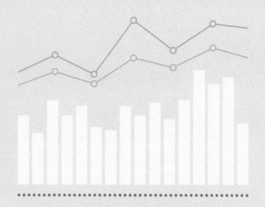

회사를 경영하다 보면 실적이 좋을 때만 있는 것이 아니라 적자에 빠질 때도 생긴다. 다만 적자를 봤다고 해서 금방 도산하는 것은 아니며, 오히려 적자가 호재로 작용하는 측면도 있다. 사장이라면 적자가 곧 악이 아니라는 것을 알아야 한다. 2장의 마지막에서 적자에 관한 기본 지식을 자세히 살펴보려고 한다. 알아두면 손해 볼 일은 절대 없을 것이다!

사원	친한 친구가 다니는 회사가 계속 적자여서 걱정입니다. 설마 우리 회사도 적자 상태는 아니겠지요?
사장	우리 회사도 최근 들어 적자라네.
사원	그래도 괜찮은가요? 갑자기 도산하거나 하지는 않겠지요? 아직 이직 준비도 전혀 안 했는데….
사장	이직이라니, 참 태세 전환이 빠르군. 자금조달은 원활히 되고 있으니 괜찮네. 적자라고 해도 좋은 의미의 적자니까.
사원	적자에 좋은 적자도 있나요? 왠지 속는 기분인데….
사장	아무래도 자네를 회계사님께 데려가야겠군.

●

적자가
곧 악이 아니다

독자 여러분은 '적자에도 두 종류가 있다'는 이야기를 들어 본 적이 있는가? 적자에는 다음의 두 가지가 있다.

사례 1: 판매 부진, 혹은 경비가 생각보다 많이 들어가서 적자다.

사례 2: (의도적으로) 선행투자를 한 결과 적자다.

사례 2의 적자를 정당화하기 위해 사례를 억지로 분리한 감도 없지는 않지만, 일단 순서대로 설명하겠다.

미국 기업 중 80퍼센트는 적자

사례 1은 계획대로 매출을 올렸다면 당연히 흑자였겠지만 판매 부진이 계속되고 회사 조직이나 점포망 등을 유지하는 데 들어가는 경비가 불어나는 바람에 적자가 된 것으로, 흔히 볼 수 있는 사례다. 실제로 일본의 중소기업 중 60퍼센트 이상이 적자다.

한편 사례2는 경영계획 단계에서 적자가 될 것을 알고 있었거나 의도적으로 적자를 만든 것이다. 이를테면 기존 사업은 흑자이지만, 갓 시작한 신규 사업의 설비투자비와 판매촉진비, 광고비 등이 기존 사업의 흑자를 잡아먹은 경우다.

조금 놀라운 이야기이지만, 미국에서는 2018년의 기업공개Initial Public Offering, IPO 기업 중 80퍼센트가 최종 적자였다. 이 비율은 닷컴버블이 정점을 찍었던 2,000년도와 같은 수준이다. 적자 기업 중에는 스타트업에 가까운 회사도 많은데, 그런데도 상장되어 주가가 형성된 것은 당장의 이익보다 장기적인 성장을 추구하는 기관 투자자의 존재가 있기 때문이다. 다만 그런 기업이라도 몇 년씩 적자가 계속되면 투자자들에게 성장성을 의심받고, 주식시장에서 퇴출당하기도 한다.

미국의 전자상거래 대기업 아마존도 1997년에 상장했을 때부터 2002년 12월까지 적자가 계속되었다. 그러나 모두가 알다시피 그 후 흑자 전환에 성공해 주주들의 기대에 부응했다. 아마존이 몇 년씩 적자가 계속되는 상황 속에서도 도산하지 않고 사업을 계속할 수 있었던 이유는 상장해서 자금을 얻은 덕분이었다. 이것은 특수한 사례임을 다시 한 번 강조하고자 한다.

사원도 적자의 원인을 알아야 한다

선행투자 때문에 적자가 되었을 경우는 특히 자금조달에 주의해야 한다. 매출이 오르지 않더라도 상품의 매입 대금, 설비나 인건비에는 돈이 들어간다. 자금이 바닥나지 않도록 미리미리 준비하지 않으면 아무리 성장성이 높아도 돈이 모자라서 도산하고 만다.

도산의 가장 압도적인 원인은 판매 부진이고, 판매 부진을 극복하지 못한 대부분의 기업은 연쇄 도산한다. 판매는 순조로운데 회수가 진행되지 않아 도산하는 사례도 부지기수다. 돈이 모자라면 사장이 '우리 회사의 적자는 좋은 적자'라며 사원들을 안심시키지만, 갑자기 도산할 위험성도 충분히 있다.

걱정이 된다면 어떤 원인으로 적자가 되었는지, 선행투자 때문인지, 선행투자라면 그 사업은 얼마나 승산이 있는지 사장에게 자세히 물어보는 편이 좋다. 회계 마인드가 갖춰진 사장이라면 숫자의 근거를 제시하고 사원들이 수긍할 때까지 대답해줄 것이다.

'회계 마인드'를
활용하고 있는 현장의 사례

현장에서 회계 마인드를 활용하면 업무의 생산성도 속도도 향상될 것이다. 알아두면 도움이 되는 현장의 회계 마인드를 사례와 함께 살펴보자.

　1장에서 이야기했지만, 회계 마인드는 기업 간의 경쟁에서 승리하고자 이익을 만들어내고 돈을 남기기 위해 회계 숫자를 사용해서 생각하는 방법을 말한다. 구체적으로는 사업으로 돈을 버는 구조인 '손익 구조 ⇒ 매출액 - 매출원가 - 판매비와 관리비 = 영업이익'과 현금수지의 구조인 '현금흐름 구조 ⇒ 현금 수입 - 현금 지출 = 현금 잔액'을 모두 이해하고 이익과 현금을 어떻게 늘릴 것인지를 동시에 생각하면서 행동하는 것이다. 다양한 현장에서 '회계 마인드'가 어떤 식으로 활용되는지 그 사례를 소개하겠다.

사례 1: 상품을 매입해서 판매할 때, 이익이 나도록 '채산 계산'을 하면서 얼마에 팔면 잘 팔릴지 생각해 판매 가격을 결정한다.

사례 2: 제품을 만들 때는 공정별로 원재료비, 노무비, 경비를 집계하고 제품마다 '원가 계산'을 한다.

사례 3: 사람을 고용해서 일을 시킬 때는 '시간당 1인 매출액'과 '시간당 1인 생산성'을 검토한다.

사례 4: 사업의 종류와 규모에 따라 손익의 구조(매출액에 대한 매출원가와 경비의 비율)가 전혀 다르므로 사업별로 손익계산서(사업 부문별 손익계산서)를 만들어 경영 성적을 판단하고, 경영자원을 앞으로 어떻게 투입할지, 혹은 철수할지를 검토한다.

회계 마인드로
적절한 가격을 결정한다

사례 1을 살펴보자. 상품 매입가cost를 C, 판매가price를 P라고 하자. 상품 매입가에 기반을 두고 판매가를 결정할 때, 예를 들어 이런 수식을 세울 수 있다.

$$판매가(P) = 상품\ 매입가(C) \times 2.0$$

다시 말해 이 상품의 경우는 매입 금액의 두 배를 판매 가격으로 정하자고 생각한 것인데, 그 이유는 다음의 세 가지다.

이유 A: 상품의 품질, 디자인, 포장 등을 종합적으로 검토한 결과, 이 가격으로도 충분히 시장성이 있다고 판단했기 때문이다.

이유 B: 이 회사에서는 상품을 판매하기 위해 들이는 경비(판매비와 관리비)가 평균 35퍼센트이기 때문에 두 배 가격으로 팔아야 한다.

이유 C: 판매 가격을 매입 가격의 두 배로 정도로 정해 놓으면 상품이 팔리지 않아서 가격을 10퍼센트 할인하더라도 영업이익을 5퍼센트 확보할 수 있기 때문이다.

이유 A처럼 시장 가격, 즉 경쟁 점포의 가격을 참고해서 판매 가격을 결정했다면 이것은 회계 마인드라고 말할 수 없다. 시장 가격에 맞춰서 가격을 결정한다면 두 배가 아니라 1.6~1.8배로 내릴 수밖에 없을지도 모른다. 그러나 이유 B와 이유 C를 생각하면 그렇지 않다. 이것이 바로 회계 마인드다.

이렇게 말하면 이해하기 조금 어려울지도 모르니 판매 가격을 100으로 치환했을 때의 백분율로 이유 B와 이유 C를 설명하겠다. B의 경우는 판매 가격 100으로 상품을 전부 팔았을 때 15의 영업이익이 나오지만, 10만큼 가격을 할인해서 90에 판 C도 영업이익이 5는 나온다.

	B의 경우		C의 경우
매출액(판매 가격)	100	➡ 10 할인 ➡	90
매출 원가(매입 가격)	50		50
매출 총이익	50		40
판매비·관리비(경비)	35		35
영업이익	15		5

다만 동등한 상품의 시장 가격이 85인데 자사의 상품을 100에 팔려면 합당한 이유가 필요하다. 품질이 뛰어나고 디자인이 좋다든가, 탁월한 사후 서비스 등의 변별력이 있어야 경쟁의 우위에 설 수 있다.

제품별
원가를 계산하라

사례 2를 살펴보자. 제조사는 제품을 만들 때 기획, 설계하고, 샘플을 만든 뒤, 양산 계획을 세우고, 그 계획에 근거해 원재료를 사며, 공정별로 기계 설비와 인재를 배치한다. 회계적으로는 발생하는 비용을 전부 파악하고 집계해서 제품 하나하나의 원가를 계산해야 비로소 판매 가격을 결정할 수 있다.

원가 계산 방법을 상세하게 설명하지는 않겠지만, 원재료비와 인건비(노무비), 외주비, 제조 간접비 등 수많은 비용 과목을 어떤 공정에서 얼마나 사용했는지 파악하는 시스템, 그런 비용들을 제품 하나하나에 배부해 계산하는 시스템도 필요하다.

이를테면 제품 한 개를 만들 때 원재료만 수백 종류에 이를 수 있는데, 원재료의 종류별로 현장 공정에 투입되는 양을 파악하고 그 투입량을 금액으로 환산해 원가 계산서에 기록한다. 인건비도 누가(표준 급여를 받는 A가) 어떤 공정과 어떤 공정에서 몇 시간씩 일했는지를 고려해 원가 계산서에 집계해야 한다. 다른 비용도 같은 식으로 기록한다.

이런 식으로 기록한 비용을 근거로 하나의 제품이 예를 들어 1만 개 완성될 때까지의 비용을 집계하고, 이 합계액(예를 들면 5,600만 원)을 1만 개로 나누면 개당 제품 원가 5,600원을 산출할 수 있다.

제품의 표준적인 매출원가율을 40퍼센트, 판관비율을 48퍼센트, 영업이익률을 12퍼센트(100 − 40 − 48 = 12)라고 가정하면, 제품 원가가 5,600원인 제품의 판매 가격은 1만 4,000원(5,600÷0.4 = 14,000)이다.

제조 현장에서 제품 원가인 5,600원보다 비용을 절감하는 데 성공한다면 이익은 더 많아지지만, 반대로 판매 가격이 1만 4,000원보다 낮아지면 영업이익률은 12퍼센트를 밑돈다.

이런 식으로 원가를 계산하는 것은 비용 절감이나 판매 가격 교섭 등 수많은 비즈니스 활동의 지침이 된다. 이어서 사례 3을 살펴보자.

시간당 노동생산성에
주목하라

사례 3을 알아보자. 편의점이나 음식점 등 다점포전개를 하는 기업은 점포의 인사 관리, 특히 요일별, 시간별 인원 배치와 업무 할당이 중요한 업무다. 이 업무를 잘 해내느냐 그렇지 못하냐가 매출과 이익에 큰 영향을 끼친다.

시간당 1인 매출액: 사원 한 명이 시간당 어느 정도의 매출을 올리고 있는지를 나타낸 지표. 어떤 점포의 1일 매출액이 300만 원이고 그날 전체 사원(시간제 근무자, 아르바이트를 포함한 일곱 명)의 총 노동 시간이 50시간이라면 시간당 1인 매출액은 '300만 원÷50시간=6만 원/시간'이다.

시간당 1인 생산성: 사원 한 명이 시간당 어느 정도의 매출 총이익을 벌어들이고 있는지를 나타낸 지표. 위 점포의 하루 매출 총이익이 180만 원, 그날 전체 사원(위와 동일) 일곱 명의 총 노동 시간이 50시간이라면 시간당 1인 생산성은 '180만 원÷50시간=3만 6,000원/시간'이다.

가령 인건비를 매출 총이익의 40퍼센트 이내로 억제한다고 계획했을 경우, 시간제 근무자와 아르바이트를 포함한 전체 사원의 하루 급여가 '180만 원×0.4=72만 원' 이내가 되도록 인원을 배치해야 한다는 계산이 나온다.

이 점포의 경우 총 노동 시간이 50시간이기 때문에 평균 시급이 '72만 원÷50시간 = 1만 4,400원'이 된다.

사업 부문별
손익계산서를 작성하라

사례 4를 살펴보자. 어떤 회사에서 각기 다른 사업을 세 개 실시하고 있다고 가정하자. 사업별로 손익 구조가 다를 터이므로 전체를 묶어서 하나의 손익계산서를 작성하면 각 사업의 어떤 부분이 어떻게 좋고 어떤 부분이 어떻게 나쁜지 판단할 수가 없다.

다음 연도에 투자를 어떤 사업에 해야 할지, 혹은 어떤 사업을 구조조정해야 할지 판단하기 위해서라도 각 사업 부문별로 손익계산서를 작성해야 한다. 이것을 사업 부문별 손익계산서라고 부른다.

사업 부분별 손익계산서를 만들 때 골치 아픈 것은 본부의 경비(인건비, 임대료, 감가상각비, 판매비, 광고비 등)를 각 부문에 배분해야 하기 때문이다. 우리는 본부에서 받은 것도 없는데 왜 그렇게 많은 금액을 배분하는 겁니까?" 같은 불만이 나올 우려가 있기 때문에 자의성이 개입되지 않도록 각 사업 부문의 인원비, 면적비를 기준으로 계산하는 경우가 많다.

ACCOU
FOR BOSS
THE

매출의 극적인 증가를 기대하기가 어려운 요즘 같은 시대에는 비용 관리의 중요성이 더욱 커진다. 비용 관리의 중요성을 이해하고 일하는 사장과 그렇지 않은 사장은 경영 성과와 평가 모두에서 큰 차이가 날 것이다. 회계 마인드를 통해 비용을 이해한다면 이전과 전혀 다른 성과를 보게 될 것이다.

3장

사장이 굳이
벤츠를 타는 이유는
무엇일까?

01

비용 감각이
없는 사장은
사장이 아니다

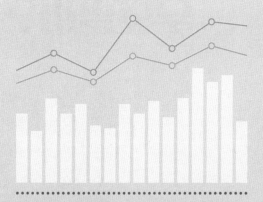

오늘날 경비 절감은 모든 회사의 지상 명제다. 경비에 민감하지 않은 사장은 없을 것이다. 매출이 감소해서 들어오는 돈이 줄어들면 나가는 돈을 줄이는 수밖에 없다. 그러나 사원들이 보기에는 어차피 회삿돈이기 때문에 비용 의식이 좀처럼 생기지 않는다. 사장의 회계 마인드가 이 문제를 해결할 수 있을까?

사원	과장님, 경리부에서 또 전화가 왔습니다.
영업부 과장	또? …네, 알겠습니다. 바로 보내지요.
사원	이번에는 무슨 일이에요?
영업부 과장	빨리 경비를 정산해달라는군. 우리가 하는 일 없이 능장을 부리는 것도 아니고, 바쁘게 일하다 보면 조금 늦어질 수도 있는데 말이지.
사원	어이쿠! 경리부 과장님, 안녕하십니까.
경리부 과장	또 제 험담을 하고 계시는군요. 힘들기는 저희도 마찬가지라고요. 여러분이 경비 관련 서류 제출을 늦게 하거나 기재를 허술하게 하면 우리 팀의 업무 부하도 그만큼 커진단 말입니다.
영업부 과장	그 말씀도 맞지만….
경리부 과장	대체 왜 항상 경리부만 나쁜 사람이 되는지 모르겠습니다. 회계사님께 가서 시시비비를 가렸으면 좋겠네요.

●

비용 감각이 없는 사장은
살아남지 못한다

경리 담당자는 참으로 괴로운 자리다. 경비 청구 서류가 늦는 것은 영업 사원 등 현장 사원의 잘못인데, 그런데도 악당 취급을 받을 때가 종종 있다. 결산이 가까워지면 계속되는 야근에 지쳐 우울감에 빠진다.

기본적으로 경리 담당자에게는 작은 실수도 용납되지 않는다. 실수를 저지르면 크게 혼이 나지만, 실수 없이 열심히 일해도 칭찬받는 일은 드문 자리다. 영업 사원처럼 화려한 활동이나 평가는 기대할 수 없다.

또한 같은 '경리'라고 해도 회사에 따라 업무 범위가 크게 달라서, 작은 회사의 경우는 현금, 예금의 관리뿐만 아니라 영업 업무(청구서 제출부터 외상매출금 회수 관리까지)나 급여 계산, 지급까지 경리 담당자가 처리하는 곳도 있다.

이렇게 무거운 중압감과 가혹한 업무량에 짓눌려 비명을 지르고 있음에도 누구 한 명 그런 사정을 알아주지 않는다는 것이 참으로 괴로운 자리다. 세상에는 경리의 중요성을 모르는 사장이 참으로 많은데, 경리 담당자가 더는 견디지 못하고 어느 날 갑자기 회사를 그만둔 뒤에야 비로소 그 중요성을 깨달았다는 이야기도 자주 듣는다.

괴로워도 마감일을 지켜야 하는 이유

경리 담당자가 타부서 사람들이 이해해줬으면 하고 바라는 것은 다음의 두 가지다. 첫째, 경리 담당자의 임무는 결산서 등 회사 경영에 필요한 자료를 빠르고 정확하게 정리하는 것이다. 따라서 영수증이나 청구서 등 기초 자료를 현장에서 빠르게 수집할 필요가 있다.

둘째, 최소한의 경비를 들여서 최대한의 이익을 만들어내는 것은 어떤 회사든 중요한 과제다. 경리부는 경비에 신경을 곤두세운다. 경리부가 경비에 대해 사사건건 참견해서 현장의 경비 사용을 억제하는 데 성공하는 것이 곧 회사에 공헌하는 일인 것이다. 이유 없이 잔소리를 하고 재촉하는 것이 아님을 다른 부서의 사람들도 이해해야 한다.

이 두 가지를 항상 의식한다면 사용하는 비용에 대한 의식, 즉 비용 의식이 크게 상승할 것이다. 회사는 비용 의식이 높은 사원을 높게 평가하므로 여러분에게도 큰 이익이다.

'마감일'에 관해 조금 더 설명을 덧붙이겠다. 경리에게 중요한 업무는 결산서를 작성하는 것이다. 결산서를 작성할 때는 몇 가지 마감일을 고려하는데, 결산서가 필요한 날부터 역산해서 그 마감일을 설정한다. 월별 결산서의 경우, 예를 들어 매달 임원회 개최일 이틀 전까지는 완성할 필요가 있다면 여기에서 역산해서 현장의 경비 정산 마감일을 설정하고, 그 밖에 야근수당 계산 마감일, 고객 청구서 발송 마감일, 외주처 청구서 접수 마감일 등을 결정한다.

연간 결산서도 역시 마감일이 있다. 가장 중요한 주주총회 일정에서 역산해서 만들어야 한다. 주주총회는 미상장기업이라면 결산기 말부터 2개월 이내, 상장기업이라면 주로 3개월 이내에 개최된다. 그때까지 회사법에 정해진 사업 보고 등의 결산 서류를 만들어야 한다.

연간 결산서를 작성하려면 재고(재고자산) 조사, 재고나 유가증권의 평가, 가지급금, 가수금 등의 임시 계정의 본 계정 대체, 미지급금 등의 과정 계정 처리, 각종 충당금 계산, 세금 계산 등을 실시할 필요가 있으므로 월별 결산서보다 손이 많이 간다.

100원이라도 적은 지출로 최대의 결과를 낸다

경리는 '경비에 대해 사사건건 참견한다'는 고정관념을 만들어 경비 사용을 견제하는 목적을 달성한다고 생각하는가? 이에 대해서는 설명이 필요하다.

회사는 사업해서 수입을 올리고 경비 등을 지출하며, 그 차액인 이익을 얻어서 현금을 남겨 발전해 나가며 사업을 지속한다. 이익이 나지 않으면 현금이 남지 않고, 현금이 떨어지면 그 시점에 사업을 계속할 수가 없어 파산하고 만다.

누구나 이해할 수 있는 당연한 이야기이지만, 사업을 계속하기 위해서는 100원이라도 더 많은 매출을 올리고 매출 효과(비용 대 효과)가 있는 지출을 100원이라도 더 적게 하는 것이 중요하다는 말이다.

실제로 경비 낭비는 어떤 회사에나 존재한다. 한참 전부터 사용하지 않게 된 소프트웨어의 이용 요금을 계속 내고 있거나, 똑같은 지출 명세인데 지점별로 단가가 다르고 저마다 다른 업자와 거래하는 경우도 있다.

매출을 조절하는 것은 애초에 불가능하지만, 경비는 조절이 가능하다. 그러나 경리 담당자만 열심히 떠들어서는 소용이 없다. 현장에서 일하는 사원 모두의 협력과 이해가 없다면 효과를 볼 수 없다. 경리 담당자는 '숨은 조력자'라는 지위에 만족하지 말고 목소리를 높여서 모두를 이끄는 것이 바람직하다. 파이팅, 경리 담당자!

02

자기계발비의
함정에 빠지지 않는
4가지 체크포인트

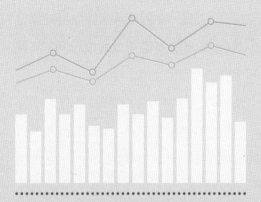

"이것은 경비로 인정되지 않습니다." 왜 업무를 위
해서 사용한 돈인데 경비로 인정하지 않는 거지?
경리 담당자에게 이런 불만을 가진 적이 있을 것이
다. 대체 어디부터 어디까지가 경비로 인정되는 것
일까? 그 경계의 기준은 무엇일까? 알고 있는 것
같지만 사실은 모르고 있는 경비의 진실을 파헤쳐
보자.

경리부 과장　몇 번 말씀드렸는데 또 이걸 경비로 제출하셨군요. 다시 한 번 말씀드리지만 이건 경비로 인정 못 받습니다.

영업부 과장　뭐라고요? 경비로 인정 안 된다고요? 공부하고 싶다는 사원의 열의를 회사가 인정해주지 않으면 어쩌자는 겁니까!

경리부 과장　회사 사업과 직접적인 관계가 없는 세미나에 참가하는 비용까지 내줄 수는 없습니다.

회계사　　　무슨 일로 또 다투고 계신 겁니까? 세미나 참가비라고요? 음… 뭐든지 경비로 인정해줄 수도 없는 노릇이지요.

영업부 과장　자비를 들여서 공부하라고 할까요? 요즘 세상에 그렇게 하면 아무도 공부하지 않을 겁니다. 애초에 어디부터 어디까지가 경비로 인정되는 겁니까? 회계사님, 가르쳐 주십시오.

●

회사를 위해서 쓴 돈은 OK, 자신을 위해서 쓴 돈은 NO

이것은 모든 경비 지출에 잠재한 문제다. 이야기를 시작하기에 앞서 일반적인 원칙부터 설명하겠다. 이미 알고 있는 사람은 지루하게 느껴질지도 모르지만, 먼저 경비의 기본 사항에 대해 알아보자. 여러분의 금전 지출이 '경비'로 인정되느냐 인정되지 않느냐는 다음의 네 가지 시점에서 고려된다.

시점 1: 그 지출은 회사의 사업(업무)과 관련이 있으며, 법인세법 등의 법령, 통지에 따라 경비(다음의 대화에서 설명하겠지만, 세금의 세계에서는 '손금損金'이라고 표현한다)로 인정되는 것이 아니냐는 시점

　⇒ 관건은 세무서가 경비로 인정해 주느냐다. 회사의 매출을 올리기 위해 사용한 경비인가, 회사 일을 수행하는 데 필요한 지출이었는가를 판단해야 한다.

　시점 2: 그 지출은 회사의 경비이기는 하지만 그것을 사용한 사람의 급여로 인정되는 것이 아니냐는 시점

　⇒ 개인을 위해서 지출한 경비는 개인에 대한 경제적 이익이므로 급여라는 것이 세무서의 견해다. 급여라고 한다면 원천 소득세 처리도 함께 해야 하는 것이 아니냐는 문제도 발생한다.

　시점 3: 그 지출은 지출된 연도(회계 기간)에 전부 처리해야 하는 경비(손금)가 아니라 몇 년에 걸쳐 사용할 수 있는 고정자산으로 일단 '자산'에 계상한 다음 내용 연수별로 감가상각비

라는 '경비'로 처리해야 하는 것이 아니냐는 시점

  ⇒ 다른 대화에 다시 등장하므로 설명을 생략한다.

  시점 4: 지출의 금액이나 내용이 올바르냐는 시점

  ⇒ 영수증 같은 객관적인 증거가 있고, 지출 일시나 금액, 내용을 알 수 있으며, 그것이 확실히 보관되어 있는지가 중요하다. 비즈니스에는 근거가 필요하다는 말이다.

직장인의 자기계발비가 모두 경비가 될 수 없는 이유

세미나 참가비를 경비(손금)로 인정할 수 있는지 없는지에 관해 생각해보자. 이것은 네 가지 시점 가운데 1에 해당한다. 세미나 참가비가 회사의 사업(업무)과 관련이 있는지 없는지가 핵심이다. 관련이 있다면 경비이고, 관련이 없다면 경비로 인정되지 않을 가능성이 있다.

  다만 회사의 사업에는 현재 시행 중인 사업뿐만 아니라 장래에 시행할지도 모르는 것까지 포함되므로 그와 관련된 세미나임을 증명할 수 있다면 문제없이 경비로 인정받을 것이다.

  세미나 참가비가 경비로 인정되지 않는 사례는 적을 것으로 생각하지만, '교제비'는 기본적으로 경비로서 인정받지 못한다. 법인세법에서는 경비로 인정되지 않는 지출을 '손금불산입'이라고 부르는데, 교제비는 손금불산입이다.

  손금불산입이 된 교제비는 그 액수만큼 이익에 더해져서 세금이 부과되기 때문에 경비 지출에 제동을 거는 역할을 한다. 다만 사업에 필요한 교제비 지출도 있을 터이므로 교제비가 전부 경비가 되지 않는다는 것은 이치에 맞지 않는 이야기다. 판단하기 어려운 지출이 있을 때는 반드시 경리 담당자 혹은 회계사나 세무사를 찾아가 '이것이 경비가 되는지, 경비로 처리할 때 주의할 점은 무엇인지' 사전에 의논할 것을 권한다.

03

새나가는 회삿돈의
행방을 사수하라!
경비와 손금의 차이

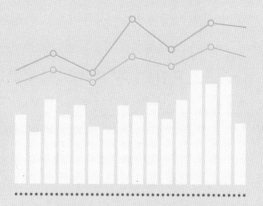

사장이라면 빠져나가는 회삿돈의 행방에 예민할 수밖에 없다. 회사에서 빠져나가는 돈은 경비 이외에도 많으며, 명칭도 다양하다. 그중 하나가 '손금'이다. 대부분의 사장은 손금 개념을 알고 있겠지만 막 창업한 사장이라면 사정이 다를 수 있다. 또한 경력이 꽤 있는 관리자도 손금 개념을 모르는 이가 종종 있다. 이 기회에 확실히 공부해두자.

경리부 과장   영업부는 들어오는 돈에는 민감한데 나가는 돈에
　　　　　　는 너무 둔감하단 말이지.

영업부 과장   혼잣말치고는 목소리가 너무 크잖아요!

경리부 과장   들으셨습니까?

영업부 과장   분명히 조일 부분은 조여야 한다고 생각한다고요.
　　　　　　원가라든가 비용이라든가 손금이라든가, 같은 지
　　　　　　출인데도 여러 종류가 있다 보니 관리하기가 번거
　　　　　　로울 뿐이죠.

경리부 과장   그렇게 말씀하시면 저희도 곤란합니다. 각 담당 부
　　　　　　서가 제대로 지출을 관리해 주지 않으면 경리부가
　　　　　　뒤치다꺼리를 다 해야 한단 말입니다.

회계사   자, 말다툼은 그쯤에서 끝내시고…. 영업부 과장님
　　　　　　의 말씀도 충분히 이해합니다. 왜 그런 분류와 정
　　　　　　리가 필요한지를 경리와 직접 관련이 없는 부서도
　　　　　　알아 둘 필요가 있지요.

●

경비와 손금의 차이에
주목하라

회사에 들어오는 돈인 매출이나 이익은 평소 친숙한 개념이

라 쉽게 이해되지만, 나가는 돈의 경우는 원가, 비용, 경비, 손금 등 종류가 많아서 복잡하게 느껴지는 경향이 있다. 이제 '경비'와 '손금'에 관해 설명하겠다. 경비는 가장 기본적인 회계개념이다. 결산서 가운데 회사의 실적을 보여주는 것은 손익계산서다.

경비를 효과적으로 운용해 매출을 최대화하라

매출 - 경비 = 이익 : 계산식①

계산식①의 이익률을 높이기 위해서는 매출뿐만 아니라 경비도 중요하다. 앞에서 이야기했듯이 매출은 제어할 수 없지만 경비는 제어가 가능하다. 경비를 효과적으로 사용해서 매출을 최대화하는 것이 경영의 핵심이라고도 할 수 있다. 그렇다면 여기에서 말하는 경비란 대체 무엇일까? 지출을 다음과 같이 나눠 생각해보자.

(가) 돈을 지불하고 서비스를 제공받았다. (예) 교통비, 출장 시의 여비와 숙박비, 거래처와의 식사비, 전화비, 임대료, 토지·건물 임대비, 운임

(나) 돈을 지불하고 물건을 샀다.

① 금액의 중요성이 작은 물건을 샀다. (예) 사무용품비, 도서비, 소모품비

② 금액의 중요성이 있고 몇 년은 사용할 수 있는 물건을 샀다. (예) 기구 비품, 기계 장치, 자동차, 건물, 토지

100만 원을 기점으로 나누어보라

(가)와 (나)의 ①은 사업을 위해 사용한 돈이라면 명백히 경비다. 그렇다면 우표는 어떨까? 처음에는 (나)의 ①에 해당하지만 우편물에 붙여서 우체통에 넣었을 경우는 (가)에 해당하므로 어느 쪽이든 경비다. 그러나 기말결산 시점까지 우표를 사용하지 않았다고 가정해보자. 남은 우표는 저장품으로 자산으로 계상된다. 이처럼 경비는 세 가지 얼굴을 갖고 있으니 주의해야 한다.

(나)의 ①과 ②의 중요성을 나누는 금액의 기준을 100만 원이라고 생각하기 권한다. 예를 들어 한 대의 가격이 100만 원 미만인 컴퓨터를 샀을 경우는 '소모품비' 혹은 '사무용품비'라는 경비 과목으로 회계 처리를 하며, 한 대의 가격이 100만 원 이상인 컴퓨터를 샀을 경우는 '기구 비품'이라는 고정자산의 과목으로 회계 처리를 한 다음 경비(감가상각비)로 회계 처리한다. 고정자산과 감가상각에 관해서는 다음 대화에서 자세히 설명하겠다.

토지의 경우는 중요성도 있고 경과한 연수에 따라서 가치가 감소하지 않는다. 경비로 처리하지 않고 최초에 구입한 가격으로 재무상태표에 고정자산으로 계상한다.

정리하면, 경비란 사업을 위해서 서비스나 물건에 지급한 돈 가운데 고정자산으로 계상한 것을 제외하고 감가상각비를 추가한 것이라고 할 수 있다.

다음에는 계산식①의 경비를 '매출원가'와 '판매비와 관리비'의 두 가지로 분류하겠다.

매출 - 매출원가 - 판매비와 관리비 = 이익 : 계산식②

매출원가나 판매비와 관리비에 관해서는 이미 1장에서 설명했다. 판매한 상품의 매입이나 제조에 들인 돈을 매출원가라고 하고, 상품을 판매하거나 본사에서 관리하기 위해서 들인 돈, 즉 인건비와 임대료, 판매비, 물류비 등을 판매비와 관리비라고 부른다.

자사가 제조사일 경우는 매출원가 속에 '제조원가'가 포함된다. 기말결산 시점에 아직 제조 과정에 있는 재공품 등이 생겨서 복잡해지므로 설명은 생략하지만, 제품을 만드는 데 필요한 돈, 이를테면 원재료비, 노무비, 제조 경비, 외주비 등을 집계한 돈이다.

손금과 경비의 차이는?

마지막은 '손금'이다. 이것은 법인세법상의 용어다. 위의 계산식①을 법인세법상의 언어(정의)로 고쳐 쓰면 이렇다.

$$이익금 - 손금 = 소득 : 계산식③$$

법인세법에서는 최종적으로 이 소득에 대해 세금을 부과한다. 회사 측의 '매출'과 법인세법상의 '이익금', 회사 측의 '경비'와 법인세법상의 '손금'처럼 보이지만 약간의 차이가 있으므로 주의해야 한다. 손금은 일반적으로 실무상에서 사용되는 경비와 일치하지 않는다. 법인세법상에서 경비로 계상 처리가 인정되는 것을 손금산입이라고 하고, 경비 처리가 인정되지 않아 소득(법인세법상의 이익을 가리키며, 세금을 계산할 때 기반이 되는 금액)에 가산되는 것을 손금불산입이라고 한다.

손금이 되지 않는 경비, 즉 손금불산입은 '소득이 증가한다 = 세금이 증가한다'는 의미이기 때문에 회사로서는 괴로운 일이다. 다만 재고의 평가감評價減이나 충당금의 계상, 채권이나 주식의 평가감, 세법 규정에 따라 빠르게 감가상각을 하는 등의 이유로 손금불산입이 되는 경우는 실무상에서 자주 볼 수 있다. 이를테면 회사는 세법상으로 대손이 발생했다고 인정되기 전에 '명백히 회수 불능'으로 판단하고 조기에 경비로 처리하고자 한다. 그러나 그 시점에는 아직 세법상 경비로 인정받지 못하기 때문에 손금불산입으로 소득(세법상의 이익)에 추가되어 그만큼 세금을 더 낸다.

세법의 기준은 어떻게 세금을 징수하느냐는 관점과 공평하고 올바르게 과세한다는 관점에서 만들어진다. 교통비 등의 일과성 손금불산입은 세금을 내면 그것으로 끝이지만, 대손판단이나 감가상각비의 손금불산입은 세금이 이른 시기에 부과된 것일 뿐 언젠가는 낸 세금만큼의 금액을 돌려받게 된다.

어떤가? 경비와 손금이라는 말에 조금은 익숙해졌는가? 매출이나 이익금은 늘어날수록 좋지만 원가나 경비는 최대한 낭비 없이 효율적, 효과적으로 써야 할 것이다.

04

사장이
회사 살림살이를
함부로 들일 수 없는 이유

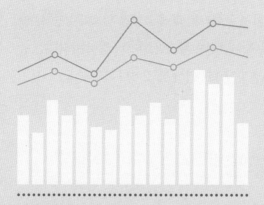

사장이라고 해서 경제학의 모든 개념을 숙지하고 있는 것은 아니다. 그러나 감가상각의 개념을 모르고 사업하는 것은 눈을 감고 인파가 빼곡한 거리를 걷는 것과 같다. 고정자산이라 할 수 있는 감가상각과 경비는 그 개념부터 엄밀히 다르다. 사장이지만 감가상각의 개념을 정확히 알고 있는 이는 드물다. 이번 기회에 철저히 알아두자.

사원	사장님, 요즘 제 컴퓨터가 툭하면 멈춰 버립니다. 교체해도 될까요?
사장	글쎄, 경리부에서 벌이도 시원치 않은데 함부로 돈을 쓰면 안 된다고 할 것 같은데 말이지.
사원	컴퓨터는 필요 경비 아닙니까? 경리부 눈치를 볼 필요는 없다고 생각하는데요.
사장	뭐, 그렇기는 하지. 하지만 그건 경비가 아니라 감가상각이거든.
사원	네? 감가상각이 뭐죠?
사장	그 정도 지식밖에 없으니까 경리부에서 화를 내는 거야. 나는 바쁘니 회계사님을 찾아가서 감가상각이 뭔지 배우고 오게.

●

경비로 처리할 수 없는 고정자산

컴퓨터가 수시로 멈춰 버린다면 일을 할 수가 없다. 평소에 컴퓨터를 함부로 다루거나 관리를 제대로 하지 못해서라면 자업자득이지만, 고정자산의 이용 가능 연수인 '내용연수'를 초과했거나 새로운 시스템 또는 소프트웨어를 구동하기에 CPU의

성능이 부족하기 때문이라면 즉시 새로 사야 한다. 회사에서는 거의 같은 시기에 컴퓨터를 대량으로 살 때가 많기 때문에 같은 시기에 산 다른 컴퓨터의 상태도 조사해볼 필요가 있다.

이 대화에는 두 가지 문제가 얽혀 있다. 첫째는 '경비로 처리할 수 있는 것과 고정자산으로 계산해야 하는 것의 차이는 무엇인가?', 둘째는 '고정자산의 감가상각이란 무엇인가?'이다.

감가상각이란 무엇인가

예를 들어 이런 규칙이 있다고 가정하자. '사용 가능 기간이 1년 미만'이고 '취득 금액이 10만 원 미만'인 것은 경비로 처리할 수 있지만, '사용 가능 기간이 1년 이상'이고 '취득 금액이 10만 원 이상'인 것은 고정자산으로 계상해야 한다. 또한 재무상태표에 고정자산으로 계상된 것(건물, 건물 부속 설비, 공구·기구·비품, 기계 장치, 차량 운반구, 소프트웨어 등)은 몇 년의 내용연수에 걸쳐서 서서히 배분해 경비로 처리한다.

이때 경비로 배분하는 방법을 감가상각이라고 하며, 배분한 경비를 감가상각비라고 부른다. 참고로 '감가減價'는 매년 그 물건의 가치가 감소한다는 의미이며, '상각償却'은 빚을 갚는 것을 의미한다. 이것은 100퍼센트 사견이지만, 감가상각이란 처음에는 고정자산으로 재무상태표에 계상하지만 가치가 줄어드는 것에 맞춰 손익계산서에 경비로서 갚겠다는 개념이 아닐까 싶다.

고정자산을 몇 년 사용할 수 있는가, 즉 감가상각비를 계산할 때의 전제가 되는 내용연수는 품질, 사용법이나 사용 환경에 좌우되기 때문에 일률적으로 5년이라든지 10년이라고 결정할 수 없다. 국세청이나 조달청 등의 국가기관에서 자산별로 '몇 년을 사용할 수 있는가?'를 결정하고 그것을 '내용연수표'로 공표하고 있다.

기억해야 할 두 가지 산출 방법

감가상각의 방법에는 일반적으로 정률법과 정액법이 있다. 정률법은 가치가 일정한 비율로 감소한다고 생각하는 방법이다. 예컨대 다음의 계산식을 참고하면 도움이 될 것이다.

취득 초년도… 취득 금액×정률법의 상각률=감가상각비

차년도 이후… 기초 장부 금액(미상각 잔액)×정액법의 상각률=감가상각비

초년도에는 정해진 비율을 취득 금액에 곱해서 감가상각비를 계산하지만, 다음 해에는 취득 금액에서 첫해의 감가상각비를 뺀 금액(기초의 장부 금액, 즉 상각이 끝나지 않은 잔액)에 그 비율을 곱해서 감가상각비를 계산한다. 그 뒤로는 이 계산을

반복한다. 초년도의 감가상각비가 가장 많고, 매년 감가상각비가 감소한다.

내용연수가 비교적 긴 고정자산의 경우 실제로 상각 기간이 진행되었을 때 감가상각비를 계산하려면 매우 번거로운 계산이 필요하니 주의가 필요하다.

한편 정액법의 경우는 가치가 내용연수에 걸쳐 매년 일정하게 감소하므로 매년의 감가상각비가 같은 금액이 된다. 취득 금액을 내용연수로 나누는 편이 개념적으로는 옳지만, 끝수가 생겨서 번잡하기 때문에 상각률을 곱한다.

지금까지 감가상각의 기본을 설명했는데, 대략적으로나마 이해했는지 모르겠다. 자세히는 몰라도 괜찮다. 핵심적인 내용을 기억해두면 틀림없이 비즈니스에서 유용한 대화 소재가 될 것이다. 지금까지 이야기한 것은 신품 고정자산을 취득했을 경우의 감가상각 방법인데, 중고 자산을 취득했을 경우의 계산 방법은 이어지는 내용을 참조하기 바란다.

05

사장이 굳이
벤츠를 타는 이유는
무엇일까?

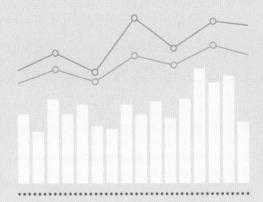

사장들은 흔히 벤츠를 탄다. 사장이 되어 벤츠를
타는 것이 꿈인 청년들도 있으리라. 하지만 과연
사장이 벤츠를 타는 것이 경영의 측면에서 도움이
될까? 무엇이 어떻게 이익이 되는지 곰곰이 생각
해보자. 결론부터 말하자면 도움이 될 수도, 그렇
지 않을 수도 있다. 사장이 벤츠를 타는 것이 회계
상에 어떤 영향을 주는지 자세히 살펴보자.

사원	요즘 들어서 회사 전체가 경비 절감을 외치며 절약 모드에 들어갔는데, 사장님이 사용하는 차는 예외인 겁니까? 차를 바꾸셨던데요.
영업부 과장	신형 벤츠?
사원	아무리 자기 회사지만 모두가 허리띠를 졸라매고 있는데 사장님만 사치를 부리는 건 불공평하지 않습니까?
영업부 과장	아마도 절세 때문에 차를 바꾸셨을 거야. 요전에 큰 건을 수주한 덕분에 우리 회사도 드디어 큰 이익을 냈거든.
사원	고급 승용차를 사는 게 어떻게 절세가 되나요? 회계사님, 이거 혹시 편법 아닙니까?
회계사	편법 정도는 아니지만, 위화감을 느끼는 것도 이해는 합니다. 제가 설명해 드리지요.

●

절세는 되지만
효과는 크지 않다

나는 차종에 연연하지 않으며, 어떤 자동차든 쾌적하기만 하면 그것으로 충분하다고 생각한다. 일반적으로 벤츠는 고급 외제 승용차 혹은 사치스러운 자동차라는 이미지가 있는 까닭에 어느 정도 성공한 사장 혹은 부자가 좋아하는 자동차라는 인식이 강하다. 최근에는 자동차를 소유하고 싶어 하는 젊은 이가 감소했다고 하고, 꼭 고급 외제 승용차를 타야겠다는 사람도 줄어든 것 같지만 말이다. 앞의 대화에서는 '절세'가 화제가 되었다. 과연 절세란 무엇인가?

신차보다 중고 벤츠가 절세에 효과적이다

회사가 이익(법인세의 세계에서는 '소득'이라는 표현을 사용한다)을 내면 일정 비율로 법인세가 과세된다. 법인의 이익에 과세되는 세금에는 한국의 경우, 법인세, 부가가치세, 원천세 등 여러 가지가 있으며, 이익 금액에 따라 10퍼센트에서 25퍼센트 정도가 과세된다. 과세율은 이익이 2억 원 이하의 경우 10퍼센트, 2억 원 초과 200억 원 이하의 경우 20퍼센트, 200억 원 초과의 경우 22퍼센트, 3천억 초과의 경우 25퍼센트다.

회사를 성장시키려면 이익을 지속적으로 내야 하고, 결과적으로 세금도 계속 내야 한다. 세금은 정부나 지방자치단체의 제도를 유지하는 데 사용된다. 경영자는 세금을 많이 낸들 회사에 직접 돌아오는 보상은 하나도 없다고 생각할 것이다. 결산기가 가까워졌는데 이익이 나고 있으면 이익을 줄이기 위해 경비를 평소보다 많이 사용하자고 생각한다. 이 행위를 '세금을 절약한다'는 의미에서 절세라고 부른다.

그래서 벤츠가 등장한다. 앞의 대화에서는 신형 벤츠라고 했지만, 실제로 많은 사장이 중고 벤츠를 선택한다. 중고차를 예로 들어 설명하겠다.

어떤 사장과 이런 대화를 한 적이 있다. 사장은 말했다.

"회사를 창업한 뒤로 12년 동안 열심히 한 결과로, 올해는 작년보다 50퍼센트 더 많은 이익이 날 것 같습니다. 지금까지는 영업용 차량과 같은 국산 밴을 탔는데, 저에게 상을 준다는 생각으로 중고 벤츠를 샀습니다."

"왜 중고 벤츠를 사셨습니까?"

"중고 자동차 딜러와 이야기를 했는데, 고가의 벤츠라도 중고차는 저렴하고 감가상각비를 신차보다 많이 잡을 수 있어서 절세도 된다더군요. 제시한 숫자를 보니 분명히 그랬습니다."

"중고차라…. 분명히 절세 효과는 있을지도 모르겠습니다만, 실제로 내용연수가 지난 뒤에 현금흐름이 어떻게 되는지, 정말로 득이 되었는지 어떤지 생각해보는 편이 좋을지도 모르겠습니다."

사장의 시간은 곧 돈이다

내가 그렇게 대답한 이유를 설명하겠다. 3월 결산인 이 회사에서는 1월 중순에 3월 말까지의 결산을 예상해본 결과, 전년도의 이익을 크게 웃도는 4억 2,000만 원 정도의 세전이익이 나올 것 같다는 사실을 알게 되었다. 영업용 차량의 상태가 나빠진 것이 마음에 걸렸던 사장은 3,000만 원 정도의 중고 벤츠를 사려고 판매점에 갔다.

신차라면 6년에 걸쳐 상각하지만, 중고차이므로 '앞으로 몇 년을 사용할 수 있는가?'를 어림셈해서 내용연수로 상각한다. 3년 된 중고차를 샀을 경우, 법인세법의 자세한 계산식은 생략하지만 3년 동안 상각할 수 있다.

3,000만 원의 신차를 샀다면 정률법이라는 감가상각 방법으로 약 1,000만 원의 감가상각비만을 계상할 수 있지만, 3년 된 중고차라면 약 2,000만 원의 감가상각비를 계상할 수 있으며, 이에 따라 세율이 30퍼센트일 경우 300만 원을 '절세'할 수 있다.

다만 1월에 샀기 때문에 기말결산까지는 3개월이 남아 있다. 3개월분의 감가상각비를 계산하니 500만 원 정도가 나왔다. 3년 된 중고차라 해도 앞으로 5~6년은 탈 수 있으므로 3,000만 원의 가치는 있다고 생각한다. 그러면 두 경우의 손익을 비교해보자.

① 자동차를 안 사고 그대로 세금을 냈을 경우	(만 원)
세전 이익	42,000
세금(20%)	−8,400
세후이익	33,600
② 3,000만 원짜리 자동차를 구입했을 경우	
세전 이익	42,000
경비(감가상각비)	−500
재계산(세전 이익)	41,500
세금(30%)	−8,300
세후이익	33,200

두 경우의 세금을 비교하면 ②의 경우가 100만 원(8,400 −
8,300) 절세에 성공한 것처럼 보이지만, 현금흐름(현금의 입출
금 상황)을 보면 상황이 달라진다. 현금이 얼마나 밖으로 빠져
나갔는지를 생각하면 ①의 경우는 세금 8,400만 원의 지출,
②의 경우는 자동차에 지출한 3,000만 원과 세금 8,300만 원
의 합계인 1억 1,300만 원이 지출된다. 해석은 여러 가지가 있
을지도 모르지만 2,900만 원(11,300 − 8,400)이나 지출이 많
은 ②의 절세 효과가 고작 100만 원이었다.

분기 초인 4월에 3,000만 원을 지출해서 자동차를 구입해
2,000만 원이 경비가 되었다면 절세 효과는 컸을지 모른다.
그러나 경비(감가상각비)가 500만 원이었기 때문에 효과는 그

다지 크지 않았다. 또한 앞으로 5~6년을 탈 수 있다고는 하지만 향후의 수리비와 자동차 검사비, 연료비 같은 유지비도 무시할 수 없다. 그저 벤츠를 타고 싶어서 1월에 산 것이라면 문제가 없지만, 절세 대책을 위해서 구입한 것이라면 기대한 만큼의 효과는 실현하지 못한 것이 아닐까 싶다.

세금은 매출이나 이익률을 높이기 위한 적정한 비용이다. 이를 항상 염두에 두고 행동해야 한다. 이번처럼 절세를 의식한 것에 비해 효과가 미비한 지출은 '효과적으로 경비를 사용해서 매출을 늘리고 이익률을 높이며 현금을 더 많이 남긴다'는 회계 마인드에 위배되는 것이다. 이는 회사를 성장 발전시킨다는 목적에 역행하는 행동이며, 시간을 1분 1초도 허투루 쓸 수 없는 경영자에게 시간 낭비가 아니었을까?

06

얼굴 붉히지 않고
실속 챙기는
비용 절감의 기술

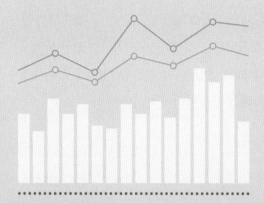

매출이 오르지 않으면 사장은 고민에 빠진다. 다른
묘책이 있으면 좋겠지만, 이 사태가 지속되면 일단
비용을 줄여야 한다. 그러나 사내 경비 절감만으로
는 한계가 있다. 밖에서 새나가는 돈을 잡지 못하
면, 그 노력은 수포로 돌아간다. 거래처를 끌어들여
대폭적인 비용 절감을 성공시키려면 어떻게 해야
할까? 회계 마인드로 생각해보면 답은 명백하다.

영업부 과장	최근 A사의 매입 단가가 올랐더군.
사원	또 경리부에서 뭐라고 하던가요?
영업부 과장	아니, 그런 건 아니네. 사장님께서는 비용을 절감하라고 하시는데, 그쪽도 오랫동안 거래하던 곳이다 보니 말을 꺼내기가 어렵단 말이지.
사장	과장, A사 건은 어떻게 됐나? A사에는 예전에 큰 신세를 졌으니 기분이 상하지 않도록 잘 좀 말해보게.
영업부 과장	알겠습니다. 아, 회계사님!
회계사	그럴 때는 발주 수를 늘려서 단가를 낮춘다든가, 제조 공정을 재검토하도록 요청해보는 것은 어떨까요?
영업부 과장	좋은 생각입니다. 그렇게 하면 무리한 요구를 하지 않고 비용 절감을 꾀할 수 있겠군요.
회계사	회계적인 관점에서도 비용을 절감할 수 있습니다. 그 밖에도 어떤 비용 절약이 가능한지 살펴보지요.

●

상대에게 이익을 주지 않는다면 교섭은 어렵다

먼저 A사의 비용 절감 사례를 소개하겠다. A사는 국내 브랜드를 제조하는 B사로부터 상품을 매입하고 있다. B사는 거액의 광고비를 들여서 그 상품을 홍보한다. 당연히 광고비는 매입가에 반영된다. 다 팔지 못하면 폐기 손실도 발생하기 때문에 비용은 더욱 상승한다. A사는 매입가를 내려서 비용 절감을 꾀하고 싶지만, 그냥 부탁한다면 B사는 절대로 요청을 들어주지 않을 것이다. A사는 이렇게 제안했다.

"일정 수량의 상품을 100퍼센트 사들이겠습니다. 다 못 팔더라도 반품하는 일은 없을 겁니다."

A사가 상품을 판매까지 책임지고 매입해준다면 B사는 광고비와 폐기 손실을 부담할 필요가 없다. 요컨대 B사는 그만큼 경비를 억제할 수 있다. 이렇게 비용 절감을 일방적으로 강요하지 않고 상호이익 관계가 될 수 있기에 교섭은 순조롭게 흘러갔다.

'일정 수량의 상품을 전부 사들이는' 것이 조건이며 모든 중소기업이 감당할 수 있는 양이 아니므로, 모든 회사에 적용 가능한 사례는 아니다. 그러나 교섭하는 상대 회사 입장에서 방법을 검토했기에 참고할 수 있는 대목이 있다.

비효율적 체계를 바로 세워라

비용 절감의 성공 사례를 또 한 가지 소개하겠다. 이 회사는 2년

간의 모든 구매 데이터를 분석했다. 구매 데이터이므로 원재료의 매입량뿐만 아니라 보조 재료나 간접 자재의 구매, 기구 비품부터 사무용품이나 경비 지급에 이르기까지 모든 구매 데이터를 포함한다. 그 데이터에는 구입처, 물품명, 단가, 수량, 금액, 구매 의뢰 부서가 기록되어 있다.

이 데이터를 같은 종류의 물품별로 집약해본 결과, 다음과 같은 비용 절감의 실마리들을 발견할 수 있었다.

- 각 거점에서 같은 종류의 물품을 각기 다른 업자에게 구매해왔다. 이것을 같은 업자에게 일괄 발주하면 구매 수량이 증가해 구매력이 향상된 덕분에 단가를 낮출 수 있다.
- 각 거점에서 같은 종류의 물품을 각기 다른 업자에게서 다른 단가로 구매해왔다. 최저가 업자에게 집약시킴에 따라 단가를 낮추는 데 성공했다.
- 물품을 구매하는 타이밍이 일정하지 않고 상당히 불규칙했다. 예를 들어 현장에서 이번 주중에 이 부품이 필요하다고 할 때 급하게 발주하는 바람에 '급행료'가 붙어서 단가가 높아졌다. 주문량이 늘어나 재고 보관 기간이 길어질 가능성은 있지만 연간 수요량을 예측한 다음 한꺼번에 발주함으로써 개당 단가를 낮출 수 있다.

이 성공 사례에서 알 수 있는 점은, 단순히 비용 절감을 부탁하는 것이 아니라 상대의 이익도 생각하면서 원가 계산이나 발주 방법 등을 재검토하면 반드시 돌파구를 찾을 수 있다는 것이다.

관습에서 벗어나 새롭게 고민하라

생산 공정이나 원재료를 재검토할 경우는 제조의 프로인 거래처 직원에게 공정이나 원재료 사용법에 관한 설명을 요청해도 좋을 것이다.

화물 포장에도 이런 사례가 있다. 기존에는 공장 출하 시점에 상자당 20개였던 것을 당사에 입하된 시점에 상자당 여덟 개로 재포장해서 판매하고 있었다. 이것을 공장 출하 시점부터 상자당 여덟 개로 포장을 바꾸도록 요청해서 비용 절감으로 연결한 것이다.

배송 방법도 다른 업종이 같은 판매점(편의점 등)에 공동 배송하는 수법은 옛날부터 자주 시행되었는데, 최근에는 경쟁 업자끼리 공동 배송을 하거나 A사의 화물을 운송한 뒤 돌아올 때 경쟁사인 B사의 화물을 운송하는 일도 드물지 않다. 기존의 관습에 얽매이지 않는 발상이 중요하다.

마지막으로 매우 중요한 사항을 한 가지 이야기하겠다. 그것은 모든 사원이 업무 재고 조사를 해서 불필요한 업무를 그만두고 효율적, 효과적이지 못한 업무를 개선하는 업무 개선

프로젝트를 비용 절감 프로젝트와 동시에 한 세트로 실행하는 것이다.

'지출을 중지하면 어떨까?', '양을 줄이면 어떨까?', '다른 것으로 바꿔보면 어떨까?', '지급 기간을 바꿔보면 어떨까?' 등의 질문을 던지면서 새로운 시각으로 프로젝트를 검토한다. 힘든 작업이지만, 굴하지 말고 모든 가능성에 도전하는 것이 중요하다. 독자 여러분, 부디 이 프로젝트를 회사에 제안해보기 바란다.

07

쓸데없는 혼돈을
줄이려면
돈의 단위를 고정하라

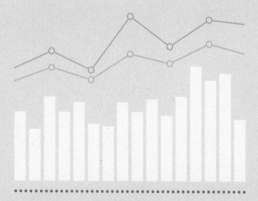

회계 마인드의 기본은 숫자로 생각하는 것이다. 그
런데 그 숫자 단위가 제각각이면 혼란이 생긴다.
이미 현장에서 이 문제로 고생한 이들도 더러 있을
것이다. 사장의 회계 마인드는 회사 문건의 숫자
단위를 통일하는 것에서 시작된다. 대수롭지 않게
생각할 수 있지만 중요한 사안이다. 이 문제에 관
해 생각해보자.

사원	과장님, 그러고 보니 영업부에서 사용하는 자료에는 10만 원 단위가 많네요.
과장	그게 왜? 매출 목표도 전부 10만 원 단위 아닌가?
사원	저번에 경리부에 매출 관련 자료를 제출할 때 평소처럼 10만 원 단위로 적었더니 화를 내면서 만 원 단위로 고치라고 하더라고요….
과장	그러고 보니 나도 같은 말을 들은 적이 있군. 왜 평소에는 쓰지도 않는 만 원 단위를 쓰라는 건지…. 뭔가 이유가 있을지 모르니 회계사님께 물어봐야겠어.

●

만 원 단위
vs 10만 원 단위

영업 사원의 이런 불평이 들리는 것 같다. "영업부에서 평소에 사용하는 서류는 10만 원 단위인데, 경리부의 전표나 경비 정산 신청서에는 금액을 꼭 세 자리마다 쉼표를 찍어야 한단 말이지. 아니면 만 원 단위이거나. 경리부에 서류를 제출할 때면 자릿수가 틀려서 혼이 날 때가 많아. 번거로워 죽겠는데 통일시키면 안 되나…."

아라비아 숫자로 금액을 표시할 때는 왜 세 자리씩 나누는 것일까? 경리부에서 사용하는 서류는 왜 10만 원 단위가 아니라 만 원 단위일까? 여러분은 그 이유를 알고 있는가? 답은 이렇다.

왜 하필 세 자릿수로 표기해야 하는가

금액을 세 자리씩 나누는 것은 숫자 표기의 기원이 되는 '서양화'가 원인으로, 일종의 문화 교류의 산물이라 볼 수 있다. 세 자리씩 나누는 로마자 표기와 네 자리씩 나누는 한자 표기가 처음으로 일치하는 곳은 3과 4의 최소공배수인 '12'자리까지 고 0이 나열되는 '조' 단위다. 그러나 이 단위의 금액을 사용하는 곳은 일부 대기업과 정부 예산 정도다.

참고로 길이와 넓이의 단위의 경우, 예로부터 척관법을 사용했다. 길이는 '척(자)', 무게는 '관', 넓이는 '평(보)', 부피는 '되'를 사용해 수치를 측정했다. 그러다 계량법이 시행되며 각각 미터(m), 킬로그램(kg), 제곱미터(m^2), 세제곱미터(m^3)의 단위가 거의 강제적으로 사용되었다. 미터 표기는 현재 전 세계 국가가 채용하는 국제 표준이다. 그러나 지금도 말, 평 등 과거의 단위를 사용하는 경우가 종종 있다. 단위의 사용 편의성은 상황에 따라 다를 것이다.

혼돈이 없도록 단위를 통일하라

경리 담당자나 재무 담당자가 사용하는 자료는 결산서를 필두로 분개전표부터 경비정산서에 이르기까지 금액에 세 자리마다 쉼표를 찍고, 만 원 단위나 천만 원 단위를 사용한다. 특히 결산서는 만 원 단위가 일반적이다. 은행 관련 서류에도 세 자리마다 쉼표가 찍혀 있다.

그러나 영업 담당자가 사용하는 관리 서류에서는 여전히 10만 원 단위를 사용하는 회사도 많다. 영업 담당자의 매출 목표가 만 원 단위이므로 10만 원 단위를 사용하는 편이 커뮤니케이션을 원활히 할 수 있기 때문이 아닐까 싶다.

이대로는 부서 간의 커뮤니케이션을 방해하거나 외부 공표(혹은 제출) 자료에 나쁜 영향을 끼칠 우려가 있다. 계량법처럼 강제적으로 '사내 자료에는 만 원 단위를 사용한다'는 규칙을 만드는 것은 어떨까? 어쨌거나 자료를 작성할 때는 반드시 '단위'를 확인하면서 만들고 자료에 '단위: 만 원'이라든가 '단위: 10만 원'이라고 사용 단위를 기재하는 것이 중요하다.

ACCOUR
FOR
THE
BOSS

결산서는 일정 기간 동안 발생한 수입과 지출을 정리해 계산한 문건이다. 회사의 경영 현황을 나타내는 중요한 문건이지만, 결산서라는 말을 듣기만 해도 머리가 지끈거리는 사장들이 있다. 그런 사장들에게 희소식을 전한다. 회계 마인드가 몸에 배면 결산서를 술술 읽을 수 있다. 업무를 처리하는 데 도움을 주는 결산서 읽는 밥법과 활용법을 소개한다.

4장

결산서를
못 읽는 사장은
샐러리맨일 뿐이다

01

일 잘하는 사장이
외워야 할
재무상태표의 의미

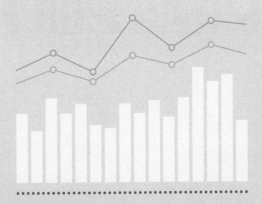

'명색이 사장인데 결산서 정도는 제대로 읽어야
지!'라고 생각하면서도 일이 바쁜 나머지 좀처럼
공부할 시간을 마련하지 못한다. 사장의 권위는 결
산서를 정확히 읽는 데서 시작된다는 것을 알지만,
숫자 앞에서 방황하는 자신을 발견하고 또 한 번
자신감을 잃고 만다. 이 기회에 확실히 배워두자.
먼저 기본 중의 기본부터 시작이다.

사장	솔직히 말해보게. 자네 결산서를 제대로 읽을 수 있나?
과장	조금은 읽을 수 있습니다만….
사장	그 정도로는 부족하지. 조금 읽을 수 있다면 사원들과 별 차이가 없지 않나? 거래처를 분석하기 위해서도, 회사의 경영 상태를 제대로 이해하기 위해서라도 결산서를 정확히 읽을 수 있어야 하네. 이번 기회에 회계사님께 결산서 읽는 법을 확실히 배우는 편이 좋을걸세.
과장	저도 이번 기회에 결산서 읽는 법을 제대로 배우고 싶습니다. 하지만 일이 너무 바빠서 전부는 힘들고 핵심만 알고 싶은데, 이런 이기적인 부탁을 회계사님께서 들어주실지요.
회계사	하하하. 잘 될지 모르겠으나 한번 이야기를 나눠볼까요?

●

결산서를 이해하면
비즈니스 흐름을 장악할 수 있다

기대에 부응하지 못해 미안하지만 "결산서의 이 부분만 읽으면 됩니다!"라고 쉽게 말할 수 없다. 다만 사정을 이해하지 못하는 바도 아니니 결산서를 '대략적으로 이해하는', 혹은 '대략적으로 읽을 수 있는' 정도로 만족한다면 기꺼이 알려드리겠다.

사실 1장부터 3장까지는 결산서 가운데서도 손익계산서와 관련된 내용을 중심으로 이야기했다. 회계 마인드를 이해시키려면 가장 친숙한 손익계산서와 관련된 화제를 다루는 편이 좋겠다고 판단했기 때문이다. 그러나 회사의 결산서에는 손익계산서 이외에도 재무상태표와 현금흐름표statement of cash flow가 있고, 이것을 이해하지 못하면 경영 상태를 정확히 이해할 수 없다.

이 세 가지 표는 서로 관련되어 있는데, 그 관련성에도 주목해야 한다.

회삿돈의 현재와 미래를 보고 싶다면

결산서란 무엇을 위해 존재하는가? 결산서란 말하자면 회사의 건강진단서 같은 것이다. 우리가 1년에 한 번 정기적으로 건강진단을 통해 키와 몸무게, 심전도 등 다양한 항목을 검사받고 병에 걸렸는지, 생활 습관병의 징후는 없는지 등을 진단받듯이 회사도 정기적으로 진단을 받는다. 전 분기와 비교해서 매출이나 이익은 어떻게 변화했는지, 부채는 늘어나지 않왔는지, 도산의 징후는 없는지 등등을 조사해서 결과를 결산서로 정리하고 그것을 바탕으로 대책을 강구한다. 결산서는 회사의 '지금'을 이해하고 '미래' 전략을 세우는 중요한 판단 재료인 것이다.

세 가지 결산서 가운데 손익계산서에 관해서는 2장에서 상세히 이야기했으니 참조하기 바라고, 재무상태표와 현금흐름표에 관해 설명하겠다.

먼저 재무상태표의 경우, 기재한 표를 보기 바란다. 표는 왼쪽(차변이라고 한다)과 오른쪽(대변이라고 한다)으로 나뉘어 있으며, 왼쪽의 합계와 오른쪽의 합계는 반드시 일치한다. 재무상태표는 결산기 말일 현재 자산(재산)과 부채(마이너스의 재산)를 얼마나 가졌는지, 자산과 부채의 차액인 순자산은 어느 정도 있는지를 보여준다.

재무상태표의 두 가지 의미

① 플러스 재산(자산)과 마이너스 재산(부채), 그 차액(순자산)을 명확히 한다.

자산	부채
	순자산

왼쪽에는 플러스의 재산으로서 자산(채권을 포함)을, 오른쪽에는 마이너스의 재산으로서 부채(채무를 포함)를, 그리고 자산과 부채의 차액인 순자산(자본금과 이월한 이익도 포함)을 표시한다.

② 돈의 원천(타인자본과 자기자본)과 사용처(용도)를 명확히 한다.

용도	원천
자산	타인자본
	자기자본

왼쪽에는 돈의 용도인 자산을, 오른쪽에는 다른 사람에게서 빌린 돈인지 자신이 출자하거나 이익을 내서 모은 '자기자본'인지를 표시한다.

또한 다른 시각에서 바라볼 수도 있다. 오른쪽에는 돈을 어디에서 융통해왔는지를 타인자본과 자기자본이라는 형태로 표시하고, 왼쪽에는 돈의 용도를 자산의 형태로 표시한다고 보는 것이다.

자산이 안정성을 보장하지 않는다

결산서의 각 과목을 살펴보자. 먼저 자산은 유동자산과 고정자산으로 나뉜다. 유동자산에는 현금·예금을 필두로 외상매출금, 받을어음, 유가증권, 재고자산 같은 1년 이내에 현금화할 수 있는 것이 포함된다.

고정자산에는 토지, 건물, 기계 장치, 공구·기구·비품 등의 유형고정자산(형태가 있기 때문에 유형)이나 상표권, 특허권, 소프트웨어 등의 무형고정자산(형태가 없기 때문에 무형), 투자유가증권, 장기 대부금 등의 투자와 기타 자산이 포함된다.

부채는 유동부채와 고정부채로 나뉜다. 유동부채에는 지급어음, 외상매입금, 단기 차입금, 미지급금 등 1년 이내에 지급해야 하는(갚아야 하는) 채무가 포함된다. 고정부채에는 장기 차입금, 회사채, 퇴직급여충당금 등 상환 의무 기간이 1년을 초과하는 채무가 포함된다.

마지막은 순자산이다. 이것은 자산과 부채의 차액을 나타낸다. 순자산에는 회사 설립 시 자본금에 대해 증자한 금액이 추가되고, 배당금을 지급한 후의 당기순이익 잔액이 가산된다. 손익계산서와 재무상태표는 이익 부분에서 연결되어 있다.

순자산의 금액이 많은 회사는 자신의 힘으로 이익을 모아온 것이므로 재정 상태가 안정적임을 알 수 있다. 재무상태표의 내용을 대략적으로 알았으니 재무상태표를 읽을 때 중요한 포인트를 네 가지 소개하겠다. 네 가지 포인트는 기본 중의 기본이므로 반드시 숙지하기 바란다.

사장이 재무상태표 읽을 때, 체크포인트 1

유동자산의 제일 위에 있는 '현금 · 예금' 금액에 주목하라.

먼저 현금 · 예금의 금액을 1개월분의 매출액으로 나눈다. 1개월분의 매출액은 손익계산서의 1년간 매출액을 12로 나눠서 구한다. 그 결과 산출된 숫자를 현금 · 예금 회전기간 또는 보유 자금 유동성이라고 부른다.

예를 들어 현금·예금이 2억 5,000만 원이고 매출액이 60억 원이라면, 1개월 평균 매출액은 5억 원이므로 현금·예금 회전기간은 2억 5,000만 원 ÷ 5억 원 = 0.5개월이다. 문제는 이 0.5개월이라는 숫자를 어떻게 평가하느냐인데, 이 경우 매출이 1개월 동안 제로가 되었다고 가정하면 현금·예금을 전부 써 버릴 것이다. 그러므로 현금·예금 회전기간은 최소 1개월 이상인 것이 바람직하다.

사장이 재무상태표 읽을 때, 체크포인트 2

유동자산에 있는 '받을어음'과 '외상매출금'에 주목하라.

두 가지를 합쳐서 외상매출채권이라고 하는데, 그 금액을 앞에서 산출한 1개월분의 매출액으로 나누어본다. 그렇게 해서 나온 숫자를 외상매출채권 회전기간이라고 부른다.

예를 들어 받을어음이 8억 원이고 외상매출금이 13억 원, 매출액이 60억 원이라고 가정하면, 외상매출채권 회전기간은 (8억 원 + 13억 원) ÷ 60억 원 × 12 = 4개월이다. 이 4개월이라는 숫자를 어떻게 평가해야 할까?

가령 이 회사의 매출액 회수 조건이 '월말 마감으로 익월 말 현금 입금이 30퍼센트, 월말 마감의 익월 말에 60일 일람출급 payable at sight(어음 발행일로부터 지급 기일까지의 일수)으로 받을어음이 70퍼센트'라고 하면 정상적인 외상매출채권 회전기간은 2.2~2.7개월 정도이므로 4.2개월은 너무 길다고 생각할 수 있다. 틀림없이 외상매출채권 중에 회수하지 못하고 있는 채권이 6억 5,000만 원~9억 원 정도 숨어 있을 것이다. 즉, 약속대로 받지 못한 불량채권이 그만큼 있다는 말이다.

사장이 재무상태표 읽을 때, 체크포인트 3

유동자산에 나열된 상품, 제품, 반제품, 재공품, 원재료 등 '재고자산' 금액에 주목하라.

재고자산은 일반적으로 말하는 재고다. 재고자산의 합계액을 1개월분의 매출원가로 나눠보기 바란다. 1개월분의 매출원가는 손익계산서의 연간 매출원가를 12로 나눠서 산출한다. 이렇게 나온 숫자를 재고 회전기간이라고 부른다.

예를 들어 재고자산의 합계액이 17억 원이고 매출원가가 33억 원이라면 1개월 평균 매출원가는 3억 1,760만 원이므로 재고 회전기간은 5.37개월이다. 이 결과를 어떻게 이해해야 할까?

이 수치가 보여주는 기간은 명백히 길다. 팔리지 않고 남은 재고가 많은 것으로 생각된다. 앞으로도 팔릴 것 같지 않다면 폐기하는 수밖에 없다. 재고는 돈이 변신한 것으로, 팔려서 회수되지 않는 한 현금은 절대 늘어나지 않는다. 따라서 재고 회전기간은 가급적 짧은 편이 좋다. 업종과 업태에 따라 차이는 있지만, 우량 기업은 1~2개월 이하다. 상장기업 중에는 0.5개월(2주) 이하인 회사도 있다.

재고 회전기간이 비교적 긴 업종으로는 가구 판매점, 귀금속 판매점, 신발 판매점 등을 들 수 있는데, 가령 이 회사의 이상적인 재고 회전기간이 2.5개월이라면 재고자산 17억 원 가운데 9억 890만 원의 재고가 체류하는 셈이다. 이 가운데 절반이 불량재고여서 판매 불가능하다면 약 4억 5,000만 원의 평가손을 안고 있는 셈이다. 회사의 흥망이 달린 중대한 문제다.

사장이 재무상태표 읽을 때, 체크포인트 4

'부채'와 '순자산' 혹은 '자기자본(자본금과 이익의 누적)'의 금액 비교에 주목하라.

거의 같은 금액의 자산을 보유하고 있는 두 회사가 있다고 가정하자. 한쪽은 은행 차입금이 많은, 즉 부채의 비율이 높은 A사고 다른 한쪽은 순자산의 비율이 높은 B사다.

A사는 언젠가 갚아야 하는 부채(채무)로 많은 자산을 구입한 상태이지만, B사는 매년의 이익이 쌓인 결과 순자산의 비율이 높아졌고 그 순자산(자기자본)으로 구입한 재산이 많은 상태다. 따라서 재정 상태는 필연적으로 B사가 더 건전하다고 할 수 있다.

순자산을 총자산으로 나눈 비율을 순자산 비율(또는 자기자본 비율)이라고 부르는데, 이것이 20퍼센트대 이하라면 약간 걱정스러운 상태다. 30퍼센트 이상을 합격선으로 삼는 것이 좋다.

꼼꼼한 사장은 현금흐름표로 현금의 출입을 확인한다

또 하나의 결산서인 현금흐름표에 관해 설명하겠다. 현금흐름표는 1년 동안의 현금 수입과 현금 지출 상황을 보여주고 현금이 어떤 이유로 어느 정도 늘어나거나 줄어들었는지 나타낸 것이다. 영업현금흐름, 투자현금흐름, 재무현금흐름의 세 가지 활동으로 나눠서 작성해 최종적으로 기말결산의 현금·예금잔액을 이끌어내는데, 손익계산서에 있는 세전이익부터 시작해서 돈의 출입이 손익계산서의 움직임과 맞지 않는 원인을 나열하며 조정한다.

- 영업현금흐름: 현금 매출(+), 외상매출금이나 어음의 회수(+), 현금 매입(-), 어음의 지급(-), 급여 등의 지급(-) 등 사업 자체에 관한 자금의 증감이 표시된다.
- 투자현금흐름: 주식 매각 수입(+), 토지 구입(-), 건물 건설(-) 등 투자와 관련된 자금의 증감이 표시된다.
- 재무현금흐름: 은행 차입(+), 주식 발생(+), 차입금 상환(-), 배당금 지급(-) 등 재무 활동과 관련된 자금의 증감이 표시된다.

영업현금흐름과 투자현금흐름을 합친 금액을 잉여현금흐름free cash flow이라 하는데, 이것이 플러스라면 사업 활동을 통해서 정상적으로 돈을 만들어낸 셈이다.

급성장하고 있는 기업이라도 이 잉여현금흐름이 마이너스일 경우는 주의가 필요하다. 부족한 사업 자금은 외부에서 조달하는데, 마이너스 상태가 몇 년씩 계속된다면 재정 상태의 위기다.

참고로 현금흐름표는 만들기에 다소 까다롭고 복잡한 측면이 있다. 따라서 중소기업의 경우, 현금흐름표가 아니라 '자금조달표'로 관리할 것을 권한다. 자금조달표는 돈의 움직임을 '경상수지'와 '재무수지'의 두 가지로 나누고 손익계산서 각 항목의 숫자를 바탕으로 자금의 움직임을 예측하며 작성한다.

• **경상수지**: 경상수입에서 경상지출을 빼서 산출한다.

경상수입이란 사업을 통해서 경상적으로 얻는 현금 수입으로, 현금 매출, 외상매출금의 회수, 받을어음의 입금, 기타 현금 수입이 포함된다.

경상지출이란 사업 활동 속에서 경상적으로 지급하는 현금 지출로, 현금 매입, 지급어음의 결제, 인건비 지급, 외주비 지급, 경비의 현금 지급, 설비투자의 현금 지급, 세금 등의 지급, 지급 이자를 포함한다.

• **재무수지**: 재무 수입에서 재무 지출을 빼서 산출한다.

매달의 '경상수지' 계산 결과에 대해 재무적으로 어떤 수를 쓸지 대응책을 적는다. 경상수지가 마이너스여서 자금이 부족하다면 은행에서 몇 월에 얼마를 빌린다거나 증자 또는 회사채를 발행한다는 등의 대응책을 검토해 '재무 수입' 란에 기재한다.

반대로 플러스라면 차입금을 예정보다 일찍 상환할 수도 있으니, 통상적인 상환 예정액과 함께 '재무 지출' 란에 기재한다.

최종적으로 전월 말의 현금·예금잔액에 경상수지와 재무수지를 더하고 빼 당월 말의 현금·예금잔액을 산출하며, 이것을 12개월 반복해서 만든다.

자금조달표는 예정했던 달이 지나면 익월 이후의 예정표 부분을 매달 새로 만들게 되는데, 같은 표에 실적치를 3개월분 정도 남기고 자금조달 실적과 예정표를 만들기도 한다. 자금조달에 대한 불안감은 경영자나 경리 담당자의 스트레스를 유발하는 가장 큰 원흉이다. 리스크를 줄이기 위해서라도 자금조달표를 매달 적정한 시기에 만들어야 한다.

설명이 길어졌는데, 재무상태표와 현금흐름표의 개요를 파악했는지 모르겠다. 요약하면, 손익계산서는 '얼마나 이익을 내고 있는가?'를 나타내고 재무상태는 '어떤 플러스마이너스 재산을 보유하고 있는가?'를 나타낸다. 현금흐름표는 '현금의 입금과 출금 상황은 어떠한가?'를 나타낸다. 현금흐름표 대신 자금조달표를 만들어서 매달의 자금조달 계획을 확실히 세우는 것도 중요하다. 매출과 직결된 문제일 수 있으므로 반드시 만들어 실행해보기를 권한다.

02

결국 중요한 것은
순이익이라는 것을
잊지 마라

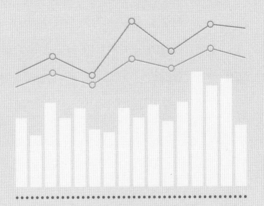

회계를 공부하다 보면 다양한 경영지표가 차례차
례 나온다. 앞서 경상이익을 비롯해 다양한 지표를
공부했다. 그러나 복잡하고 어려운 지표를 모두 이
해할 수는 없기 때문에 결국 나 자신의 이해관계와
직접적으로 연관된 지표만이 눈에 들어오기 마련
이다. 사장이 주목해야 할 지표를 딱 하나만 뽑는
다면 그것은 과연 무엇일까?

사장	오늘도 늦게까지 야근이군.
과장	매출이 향상되지 않아서 어떻게 해야 좋을지 고민 중이었습니다.
사장	눈앞의 숫자도 중요하지만, 그것에 너무 얽매여서 장부하고만 씨름해서는 안 돼. 전체를 바라보는 관점을 갖지 않으면 높은 단계로 올라갈 수 없네.
과장	네…(공부하면 부장으로 승진시켜 주시려나).
사장	회사의 숫자를 평소와는 다른 시점에서 바라보면 사물을 보는 시각이 달라질 걸세. 얼른 회계사님을 찾아가서 배워보면 어떻겠나?
과장	알겠습니다(결국 회계사님한테 물어보라는 말이었군. 가끔은 사장님께서 직접 가르쳐주시면 안 되나).

●

사장이 총자산순이익률에
주목해야 하는 이유

여러분은 자신이 맡은 업무를 열심히 수행하고 있을 것이다. 그때그때 최적의, 합리적인 행동을 하려고 노력하고 있을 터이다. 그러나 그 '최적'은 자신이 속한 팀에 최적일 뿐 회사 전체로 봐서는 아닐지도 모른다. 자기 팀의 이익은 가져왔지만 그 대신 다른 부서의 발목을 잡았던 경험은 없는가? 때로는 더 큰 관점에서 회사 전체를 조망하고, 경영자의 관점에서 수치를 분석해 행동할 필요가 있다. 이때 도움이 되는 것이 재무분석이다.

회계 마인드를 가지고 높고 넓게 조망하라

재무분석은 결산서의 숫자를 사용해서 실행한다. 회사의 재무 상태나 손익 상황을 분석할 때는 세 가지 결산서 가운데 손익계산서, 재무상태표와 관련된 지표를 사용해서 진단하는 것이 효과적이다.

여기에서는 그중 총자산순이익률을 사용한 분석을 소개하겠다. 참고로 자기자본이익률(당기 이익÷자기자본(순자산)×100)도 중요하지만, 이것은 주로 일정 수준의 자기자본을 보유한 대기업에 적용되어야 할 지표이기 때문에 더 많은 회사가 대상이 되는 총자산순이익률에 관해 해설하겠다.

총자산 당기순이익(총자산순이익률)은 사업에 투입한 총자산(총자본)이 이익을 만들어내기 위해 효율적으로 사용되었는지를 나타내는 지표다. 또한 차입금 등의 부채를 포함한 모든 자산을 얼마나 투입해서 어느 정도의 세후이익을 얻었는지를 나타낸다. 이 수치가 너무 낮으면 사업 자체를 그만두고 수익률이 높은 유가증권 등에 투자하는 편이 나은 셈이다.

총자산순이익률을 높이려면 매출액에 대한 (매출총이익, 영업이익 등 온갖 단계의) 이익률을 높이는 것이 중요하며, 투입한 총자산의 금액보다도 매출액을 몇 배로 늘리려는, 즉 총자산을 회전시키려는 노력이 필요하다.

상장기업은 결산할 때 종종 이런 내용을 발표한다. "다음 분기에는 '선택과 집중'을 해서, 성장 분야에는 집중적으로 투자해 수익력을 높이지만, 성장 가능성이 낮은 분야에는 투자를 중지해 순자산 금액을 억제하고 채산성을 높임으로써 튼튼한 회사 체질을 만들겠습니다."

바로 이것이 앞에서 이야기한 총자산순이익률을 의식한 발표 내용이며, 대승적인 시점에서 내린 경영 판단이라고 생각한다.

경영에는 정답이 없고, 도전하지 않고서는 벽을 깰 수 없는 사업 분야도 있으며, 경영 환경이 정신없이 변화하기 때문에 끊임없이 시행착오를 거쳐야 한다. 그러나 5~6년을 도전했지만 성과를 내지 못했다면 철수를 고려해야 한다.

최적의 의사 결정을 내려야 하는 사장은 항상 명심해야 한다. 현장 사원들도 자기 팀의 이익만을 추구하지 말고, 대승적인 관점에서 객관적으로 판단한다면 강력한 조직될 것이다.

03

사장이 돈을 빌려야 할 때
VS
빌리면 안 될 때

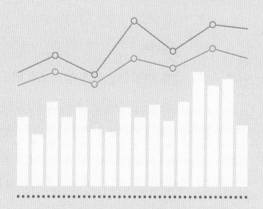

사업을 하다 보면 현금이 부족할 때가 있다. 예컨 대 매출이 올라도 수금이 되지 않으면 당장 쓸 현 금이 돌지 않거나, 새로운 투자를 위해 현금이 더 필요할 때가 있다. 이럴 때 보통 사장들은 돈을 빌 려 대처한다. 갚을 방법이 없는데 계속 돈을 빌리 면 직원들은 불안하다. 돈을 빌려도 되는 경우와 빌리면 안 되는 경우의 차이를 확실히 알아보자.

과장	사장님, 경리부에 있는 동기에게 들은 이야기입니다만, 요즘 차입금이 많이 쌓였다고 하더군요. 괜찮은 것인지요?
사장	과장인 자네가 숫자를 그런 수준으로밖에 파악하지 못하면 어떡하나? 그 차입금은 좋은 의미에서의 차입금이니 걱정할 필요 없네.
과장	선행투자라는 말씀입니까? 그런 차입금도 있겠지만, 아무리 좋은 의도라고 해도 한도는 있지 않나 싶습니다. 실제로 차입금이 어느 수준이면 위험한 겁니까?
사장	글쎄, 명확한 기준을 물어보면 나도 대답하기가 어려운데…. 자네도 이대로는 마음이 불안할 테니 회계사님을 찾아가서 물어보면 어떻겠나?
사장	(어째 사장님도 대답이 모호한데)좋은 의미의 차입에 관해서 회계사님께 확인하고 오겠습니다.

●

부채는 회사 성장의 필요악이다

좋은 의미의 차입금이란 여러분도 상상하듯이 기업의 성장을 위해 필요한 차입금을 가리킨다. 돈을 빌려서 인재나 물건에 투자한다. 투자한 돈을 최대한 빠르게, 많이 회수하면서 성장한다. 이 사이클이 끊기면 회사의 성장은 멈춘다. 성장 사이클을 돌리기 위해서 사용하는 차입금은 긍정적이며, 사업과 관계가 없는 유흥비 지출이나 차입금 상환을 위한 차입 등은 부정적이다.

공장을 신설하거나 새로운 점포를 열었을 때는 자기 자금만으로는 운용이 어려우므로 부족한 운전자금(다음의 대화에서 설명한다)을 은행에서 빌리기도 한다. 반드시 성장으로 이어지지 않더라도 긍정적인 차입금 사용이라 볼 수 있다.

차입 이외에도 증자하거나 회사채를 발행해서 자금을 얻는 방책이 있다. 금리가 낮으므로 레버리지(지렛대의 원리)를 활용해 금융기관에서 돈을 빌리는 간접금융이 쉽고 빠를 것이다.

기업이 아닌 개인은 가급적 돈을 빌리지 않는 편이 좋지만, 회사 경영의 경우는 꼭 그렇지만도 않다. 순자산 비율(자기자본비율)이 높은 편이, 즉 순자산 속의 부채 비율이 낮은 편이 재정 상태가 건전하다고 말했지만, 반대로 순자산 비율이 너무 높아도 안 된다. 자기자본비율이 70~80퍼센트로 너무 높으면 그 높은 비율을 유지하기 위해 차입하지 않고 자기자본으로 투자를 하려고 하므로 사업을 성장시키지 못할 위험성이 있다.

계획 없이 돈 빌리지 마라

긍정적인 목적의 차입금이라도 은행이 빌려준다고 해서 마구 빌려도 되는 것은 아니다. 은행도 장사를 하므로 회사가 어느 정도 신용이 있으면 심사 기준을 완화해서 더 많이 돈을 빌려준다. 특히 설비투자 자금을 빌릴 때 주의할 점을 두 가지만 이야기하겠다.

첫째, 상환 계획이 서지 않는다면 절대 돈을 빌리지 않는다. 앞서 이야기했듯이 자금조달표를 만들어서 상환 예정 연월일에는 반드시 상환해야 한다. 애초에 돈을 빌려서까지 설비투자할 필요가 있는지 신중하게 검토하고, 사전에 경영계획을 철저히 세워야 한다. 설비투자함으로써 회사가 어떤 모습으로 성장할지, 1년 후, 3년 후의 경영계획을 세울 필요가 있다. 구체적으로는 1년간의 단기 경영계획과 3년간의 중기 경영계획이다. 설비투자의 투자 회수에 오랜 시간이 소요될 것으로 예상하는 경우에는 5년 이상의 장기 경영계획을 세워야 한다.

여담이지만, 사내에서 지위가 높은 사람일수록 부하의 업무를 '뒤처리'하는 데 너무 많은 시간을 소요하는 경향이 있다. 뒤처리에는 시간도 돈도 들어가는데, 왜 그런 신세가 되는 것일까? 그 원인은 전적으로 자신과 부하 직원의 준비 부족에 있다. 계획을 세우고 준비를 철저히 했다면 문제는 일어나지 않았을 것이다. 경영계획도 마찬가지라고 생각한다.

앞에서 언급한 단기 경영계획은 예산이라고도 부르며, 1년 동안의 손익계산서와 1년 후의 재무상태표, 1년 동안의 자금조달표를 만드는 것이 관건이다. 실무에서 1년 후의 재무상태표를 만드는 경우는 거의 없을지도 모르지만, 나는 꼭 만들라고 지도한다. 향후의 성장을 위해서는 대사증후군에 걸린 몸보다 근육질 몸이 좋기 때문에 재무상태표를 만들어서 1년 후의 몸이 어떻게 될지 예상하려는 것이다.

1년 후의 재무상태표를 만들려면 1년 후의 외상매출채권 잔액, 재고 잔액, 외상매입채무 잔액, 차입금 잔액, 현금·예금 잔액을 예상해야 한다. 처음 세 개는 각각의 회전기간을 계산해야 예상 가능하며, 차입금 잔액과 현금·예금잔액은 자금조달표를 만들면 자동으로 산출할 수 있다. 꼭 만들어보라.

미래를 예측하는 사장의 동력, 회계

'차입금의 상환 원자原資는 이익이다. 이익이 나지 않으면 상환할 수 없다는 것을 재확인한다.' 이것이 설비투자 자금을 빌릴 때 두 번째로 주의할 점이다.

첫 번째 주의점을 고려해서 만든 경영계획은 당연히 이익을 내서 예정된 상환 기일까지 이자를 포함한 전액을 상환하는 계획일 것이다. '빌린 돈은 반드시 갚는다'는 당연한 일을 꼭 실천했으면 하는 마음에서 굳이 이것을 주의점으로 언급했다.

나는 업무 목적으로 내가 태어난 현의 공적인 중소기업 지원 펀드에 15년 이상 관여해왔는데, 회사가 버블기에 융자를 받아서 공장을 신설했지만 차입 당시에 생각했던 매출 상승을 실현하지 못한 사례를 수없이 보았다. 사장 대부분은 개인파산을 신청했고, 회사는 은행에 채무면제(빚의 탕감)를 요청하면서 다른 기업에 회사를 양도했다. 매년 상당수의 실패 사례를 보면서 나는 왜 많은 사장이 미래의 수요를 잘못 예측하는지 줄곧 생각해왔다.

은행의 감언이설에 넘어가서 예상보다 많은 돈을 차입했을지도 모른다. 위기에 빠진 사장 대부분은 경영관리 능력이 부족하고 회계 마인드가 없다. 경영관리를 보완해줄 경영 간부가 있었다면 도산 직전의 상황에 몰리는 일도 없었을 것이다. 이 책을 읽고 있는 사장을 비롯한 임직원들이 부디 이런 상황에 빠지지 않기를 진심으로 바란다.

빌린 돈을 지렛대처럼 이용해서 이익을 내고 현금도 늘려서 한층 큰 회사로 성장하는 것이 차입의 본래 목적일 터이다. 이를 위해서도 앞에서 이야기했듯이, 목적을 명확히 하고, 상세한 경영계획을 세워서 경영에 임해야 한다. 노력 없이 부를 거머쥔 사람은 없다. 이 단순한 진리를 늘 기억하기 바란다.

반대로 그런 전망이 서지 않았다면 돈을 빌리지 않는다는 원칙을 철저히 지키자. 부채는 어쨌든 사람을 위축시키기 마련이다. 남의 돈을 빌리고 마음 편히 잠을 잘 수 있는 사람이 얼마나 되겠는가? 그런데도 꼭 필요하다는 결단이 섰다면 실행하라. 일단 돈을 빌렸다면 이익을 내서 반드시 갚겠다는 강한 각오도 필요하다.

04

사장님,
흑자여도
부도날 수 있다니까요

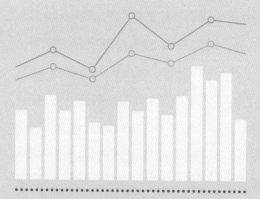

도산이라는 말을 들으면 등골이 서늘해지는 것이
사장이다. 흑자도산이라는 말을 들어 본 적이 있는
가? 왜 흑자 경영을 해도, 분명히 이익이 나고 있는
데도 도산하게 되는 것일까? 그 열쇠는 바로 현금
흐름이 쥐고 있다. 현재 회사의 현금 흐름은 괜찮
은지 판단하고, 점검하기 위해서라도 흑자도산의
기본 개념을 알아두자.

과장	사장님, 다음 달의 자금조달 계획입니다. 이 숫자면 어떨까요?
사장	매입에 필요한 자금이 너무 부족하군. 이대로는 보유한 현금이 고갈되겠어.
과장	매입 수량을 늘리는 대신 개당 매입가를 낮추기로 거래처와 약속했기 때문에 매입 금액을 더 줄일 수는 없습니다.
사장	비용이나 이익의 계산은 문제가 없지만, 현금흐름의 관점이 누락되어 있는 게 마음에 걸리는군.
과장	현금흐름 말입니까? 보유하고 있는 돈이 부족하다면 빌리거나 누군가에게 출자를 받을 수는 없을까요?
사장	출자는 어렵네. 차입금은 이자가 붙고, 만에 하나 판매처로부터 외상매출금의 회수가 늦어지기라도 하면 빌리는 금액을 더 늘려야 하는 상황도 생긴단 말이지….
과장	지출과 수입의 계산만 맞으면 되는 것도 아니군요. 회계사님을 찾아가서 현금흐름에 관해 배우고 오겠습니다.

●

장부상으로는 이익이 났는데
왜 돈이 없지

현금흐름은 돈이 들어오거나 나가는 상태를 말하는데, 이것을 항상 의식하면서 경영하지 않으면 무서운 일이 일어난다. 의외라 생각하겠지만, 매출이 오르지 않을 때보다 매달 급성장해서 상품이 날개 돋친 듯이 팔릴 때 수중에 돈이 없어지는 속도가 더 빨라지고, 잘 팔리고 있는데 돈이 떨어지는 흑자도산이라는 사태가 일어나기 쉽다.

이익이 나도 망할 수 있다는 함정

흑자도산이 일어나는 구조를 알아보자. 어떤 회사가 1년 동안 상품을 80에 매입하고 대금 지급을 마친 뒤 그 상품을 150에 팔았다고 가정한다. 다만 판매 대금의 회수가 늦어져서 전부 다음 분기로 넘어가게 되었다.

이 상태로 기말을 맞이하면 재무상태표는 어떻게 될까? 이익은 '매출액 150-매입 원가 80=70'이나 생겼는데, 현금은 늘어나기는커녕 매입 대금 80을 지급한 까닭에 100에서 20으로 감소한다.

요컨대 장부상으로는 이익이 났는데 돈이 없는 상태가 되는 것이다. 만약 부채 350 가운데 차입 원금 40을 말일에 상환할 예정이었다면 현금이 20밖에 없으므로 자금이 완전히 바닥나는 것이다(흑자인데 도산하는 것).

이런 일이 일어나는 이유는 현재 기업회계가 발생주의, 즉 현금의 입출금과는 상관없이 거래 사실이 있었느냐 없었느냐에 입각해서 장부에 기록하기 때문이다. 이 경우는 '상품을 판매했다'는 거래 사실에 따라서 장부에 기록했기 때문에 이익이 났지만, 현금은 부족해진 것이다. 현금의 입출금 동향을 주시하는 것이 얼마나 중요한 일인지 알 수 있을 것이다.

돈은 수중에 있을 때 미리미리 관리한다

평소에 꼭 해야 할 것이 운전자금의 관리다. 운전자금이란 사업을 계속해 나가기 위해 수중에 보유하는 돈을 의미한다. 사업을 계속해 나가는 것을 자동차나 기계를 '운전'하는 상태에 비유한 말이다. 운전자금은 '매출채권 + 재고 - 매입채무'로 산출한다. 이것을 결산서의 과목으로 설명하겠다.

매출채권은 '외상매출금+받을어음'으로, 상품을 판매한 뒤에 현금을 회수해야 하는 채권을 가리킨다. 신용카드로 판매했을 때의 미회수 채권, 쇼핑센터나 쇼핑몰, 백화점 등에 입점해서 매출금을 일단 맡긴 것을 미수입금으로 회계 처리(분개)했을 경우에도 매출채권이 된다.

재고는 상품, 제품, 재공품, 원재료, 저장품 등 판매 예정인 상품 혹은 그것을 만들어서 완성하는 과정에 있는 재고자산 전부를 가리킨다.

매입채무는 '외상매입금 + 지급어음'으로, 재고를 구입한 뒤에 현금을 지급해야 하는 채무를 가리킨다. 원재료나 상품의 구입만을 외상매출금으로 처리하고 그 밖의 일용소모품 구입은 미지급금으로, 익월 지급 예정인 외주비는 '미지급비용'으로 처리하고 있다면 이것들도 매입채무에 포함한다.

알기 쉽게 이야기하면 운전자금이란 가까운 미래에 현금화될 금액에서 가까운 미래에 출금될 금액을 뺀 돈으로, 월별 결산서에 표시되는 매달 말 시점의 세 항목의 잔액을 사용해서 계산한다.

요컨대 운전자금이 매달 점점 불어나는(플러스) 상태일 때는 전액을 현금·예금의 잔액으로 해결하면 되지만, 부족분이 있어서 전부 해결할 수 없을 경우는 재고나 경비의 지급을 기다려 달라고 요청한다. 당월 말까지 부족분을 금융기관에서 빌리지 않는다면 '자금이 떨어져 결국 도산'하게 된다.

상대에 휘둘리지 않는 나만의 룰을 만들어라

운전자금의 관리는 그만큼 중요하다. 매달 손익계산서를 작성해서 매출액과 이익을 확인하는 것만으로는 부족하며, 다음 달 이후 수개월에 걸쳐 자금조달표를 만들어 관리하는 것이 중요하다. 자금조달표는 4장에서 설명한 바 있다.

급할 때 은행에서 빌리면 될지도 모르지만 오늘 대출 의뢰를 받고 내일 돈을 빌려주는 은행은 없다. 담보가 있더라도 심사하는 데 시간이 걸리며, 대출 가능한 범위 내에서 최대한으로 빌렸다면 추가로 빌리기는 월별 결산의 숫자가 어지간히 좋지 않은 이상 어려울 것이다. 자금조달은 계획적으로 해야 한다. 무엇이든 사전 준비가 중요하다!

갓 창업했을 무렵에는 어쨌든 팔 수 있으면 된다는 생각으로 판매처와 회수 조건(언제 마감을 하고, 언제 현금으로 회수할 수 있는가)을 결정한다. 매입의 경우는 어쨌든 거래해서 매입할 수 있으면 된다는 생각으로 매입처와 지급 조건(언제 마감을 하고, 언제 현금으로 지급할 것인가)을 결정한다.

갓 창업해서 입지가 약한 상태이므로 상대가 원하는 대로 조건을 정한 경우도 많을 것이다. 장사가 익숙해진 뒤에도 조건을 바꾸지 않는 사례가 대부분일 터인데, 그래서는 안 된다!

운전자금은 회수 조건, 지급 조건과 밀접하게 얽혀 있으므로 상대의 사정에 맞추지 말고, 이쪽의 자금조달에 유리하도록 변경해야 한다. 최대한 빠르게 회수할 수 있도록, 최대한 늦게 지급할 수 있도록 협상하면 자금조달이 수월해진다.

먼저 모든 판매처와 매입처의 조건을 일람표에 정리하고 점검하는 것부터 시작하자. 일람표를 만들어보면 회사마다 조건이 제각각이라는 사실에 깜짝 놀랄지 모르는데, 먼저 그것을 통일하는 일부터 한다. 통일하기만 해도 앞으로의 작업 시간이 단축된다. 조건을 변경하려면 교섭에 시간이 걸리겠지만, 이쪽의 판매력과 구매력이 상승했다면 과거와 달리 힘의 균형이 맞을 것이다. 최선을 다해서 교섭을 시도해보자.

05

무시무시한
인건비를 줄이는
알짜 팁

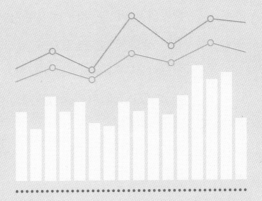

사장은 사람을 뽑는 일에 신중해야 한다. 직원의 생활을 책임져야 하기 때문이다. 그럼에도 일손이 너무 부족하면 사람을 뽑아야 한다. 과중한 업무로 이직률이 높아진다면 회사는 큰 손해를 입게 된다. 어떤 업계든 일손 부족은 현장의 고민거리다. 그러나 일손이 부족하다고 해서 안일하게 사람을 늘리면 인건비가 늘어나고, 회계적인 문제도 생긴다.

과장	일손이 너무 부족해. 영업부원을 두 명 더 늘리면 좋겠는데….
사장	혼잣말을 참 크게도 하는군.
과장	(일부러 크게 말했는데, 너무 노골적이었나)아, 죄송합니다. 다만 일손이 부족한 것은 사실입니다. 인원을 늘릴 수 없을까요?
사장	좋은 인재가 있다면 채용하고 싶지만, 인건비가 늘어나서 말이지.
과장	매출의 몇 퍼센트 정도가 적정한 인건비인가요?
사장	음… 경험적으로는 말할 수 있지만, 정확히 어느 정도가 적정 수준인지는 말하기가 어렵군. 이 기회에 회계사님께 물어봐야겠어.

●

현명한 사장은
함부로 사람을 뽑지 않는다

- 회계의 관점에서 생각하면 사원은 급여의 여섯 배 이상을 벌어들여야 한다.
- 급여를 지급하는 쪽에서 봤을 때, 인건비는 급여 총액의 두 배다.

인력을 고용할 때는 위의 두 가지 조건을 늘 고려해야 한다. 물론 급여의 배수는 회사의 업종, 업태, 규모에 따라 다르다. 인건비와 매출액의 균형, 즉 매출액 대 인건비 비율(매출액에서 인건비가 차지하는 비율)이 중소기업에서 어떻게 되는지 알아보면, 어떤 업종이든 매출액에서 인건비가 차지하는 비율이 상당히 높다고 할 수 있다. 높은 비율은 인건비의 조절이 중요함을 보여준다.

'일손이 부족하니까 사람을 늘린다'는 발상은 매우 위험하다. 대단히 일손이 부족하다면 증원해야겠지만, 지금의 업무 진행 방식이 정말 합리적인지, 인력 운용에 낭비가 있지는 않은지, 먼저 현재 상태를 분석한 다음 판단해야 한다. 몇 가지 체크포인트를 소개한다.

- 일손이 부족한 까닭에 고객 서비스 중 어떤 부분의 품질이 어떤 식으로 명확하게 떨어졌는가? '부족한 수'를 보충하면 그 품질이 크게 높아질 것이 명확한지 검토한다.
- 현재의 인원수로도 효율적으로 업무가 진행되도록 인력 운용 방법을 재검토하고 개선할 여지가 없는지 검토한다.
- 사람에게 의지하지 않고도 업무가 원활히 진행되는 새로운 비즈니스 모델은 없는지 검토한다.
- 지금까지의 업무를 재검토해서 로봇화, 자동화할 수 있는 부분, 혹은

고객에게 맡겨도 되는 부분은 없는지 검토한다.

• 사무직만의 직장이더라도 로보틱 프로세스 자동화Robotic Process Automation, RPA를 검토한다. 로보틱 프로세스 자동화는 사무직의 정형 업무를 소프트웨어를 통해서 자동화하는 것이다.

혹시 지금 현재의 인원수가 딱 적당하다고 생각하는 경영자가 있다면 이 또한 주의가 필요하다. 그 사원들이 영원히 계속 회사에서 일할까? 회사에 적절한 커리어패스가 제도화되어 있는가? 사원이 우수할수록 현재의 급여 수준이나 향후 경력 관리에 의문을 느끼면 언제라도 회사를 떠날 수 있다.

경영자는 사원들이 이 회사에서 계속 일하고 싶다고 생각하도록 노력해야 할 것이다. 인재를 채용했다면 직속 상사가 현장에서 실무를 가르치며 실시하는 직장 내 교육인 '오제이티 On the Job Training, OJT'뿐만 아니라, 직장 밖에서 강의 또는 토의를 통해 실시하는 연수나 강의와 같은 교육인 '오프제이티 Off the Job Training, OffJT'를 충실히 갖추는 등 인재 육성 제도를 정비하는 것이 중요하다.

인건비는 고정비라는 사실

마지막으로 인재와 인건비를 회계 마인드적 관점에서 재검토해보자. 직원을 고용하는 비용인 급여 수당, 상여금, 법정 복리비, 복리후생비, 퇴직금, 채용비 등의 인건비는 정직원으로 채용한 순간부터 발생한다. 매출이 오르든 오르지 않든 비용이 들어간다. 그런 의미에서 인건비는 고정비다.

가장 바쁜 업무 수준에 맞춰서 사람을 채용하면 바쁜 순간만큼은 매출액과 인건비가 적절히 균형을 이루어 이익이 나올지 모르지만, 다른 때는(이익률이 높은 업종은 별개로 치고) 적자 상태가 계속될 것이다.

인건비를 변동비화하는 것이 손익 구조상으로 이상적이다. 방법은 이렇다. 매출이 오르는(아주 바쁜) 시간대에만 사람을 많이 채용하고 배치한다. 다시 말해 시간제 근무자나 아르바이트를 채용하는 것이다. 다점포전개를 하는 음식점이나 의류판매장에서는 전부터 이 제도를 활용했다.

현재(앞으로도, 어쩌면 영원히) 어떤 업종이든 일손 부족, 채용난이 이어지고 있으므로 파트타임 근로자를 고용하는 것이 여의치 않을 수 있다. 설령 인건비가 고정비더라도 정사원을 보유하지 않으면 사업을 계속할 수 없는 업종이 앞으로 더욱 늘어날지도 모른다.

인재人材는 매출과 이익을 만들어내는 원천이다. 그래서 인재人財이기도 하다. 이익을 다소 압박하게 될지도 모르지만 매출과 이익을 가져다주는 인재는 가급적 정사원으로 정기 채용하는 편이 좋다.

06

직원의 잠재 능력을
최대치로
끌어올리려면

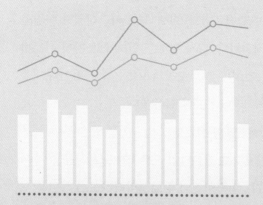

일 잘하는 사장은 숫자로 이야기한다. 또한 결산서
를 보고 회사의 향방을 예측한다. 그렇다면 앞으로
는 개인별 결산서가 필요해질 것이다. 회사 결산서
를 공부하는 것만으로도 벅찬데 개인 결산서까지
등장하다니…. 이렇게 생각할지도 모르지만, 직원
개개인이 자기만의 결산서를 작성하면 매출도 의
욕도 상승한다고 한다. 대체 무슨 원리일까?

과장	얼마 전에 회계사님께 결산서 읽는 법을 배웠습니다. 그때 회계사님이 앞으로는 개인별 결산서가 필요할 거라 말씀하셨습니다.
사장	개인별 결산서라…. 회계사님께 이야기를 들어본 적이 있네. 개인이 자신의 성과를 결산서에 기재해 나가면 사원의 회계 마인드가 비약적으로 향상된다고 말씀하시더군.
과장	그렇게 좋은 것이라면 도입해야 하지 않을까요? 다만 지금보다 한층 숫자로 평가를 받는 느낌이 들어서 사원들이 싫어할지도 모릅니다. 솔직히 저도 별로 내키지는 않고요.
사장	그렇게 나쁘게 받아들일 필요는 없네. 틀림없이 좀 더 긍정적인 의미가 있을 걸세.

●

직원들의
회계 마인드를 높이는 비결

사장과 과장이 이야기한 것은 1인당 결산서다. 이전에 어떤 사장에게 이렇게 이야기했다. "회사의 결산서에 나오는 숫자를 전부 사원 1인당 숫자로 치환하면 우리가 쉽게 접할 수 있는 숫자가 되는데, 이것은 사원들의 회계 마인드를 높이는 데도 효과적입니다." 그렇다면 회사의 결산서에 나오는 숫자를 사원 1인당 숫자로 치환한다는 것은 무슨 뜻일까? 그 의미를 이야기하겠다.

월급값하는 직원을 가늠하는 최적의 수단

회사의 결산서에는 매출액 수십 억 원이라든가 인건비 수억 원, 교통비 수천만 원 등 일상생활에서는 접할 수 없는 숫자들이 나열된다. 그 숫자를 보고 일련의 변화를 직접적으로 체감하기는 어려울 것이다.

숫자가 너무 커서 체감하기 어렵다면 일단 회사 직원의 수를 떠올린다. 결산서, 특히 재무상태표와 손익계산서에 나오는 과목의 금액을 사원의 인원수로 나눈다. 그러면 억 단위였던 숫자가 100만, 10만 단위의 숫자로 치환된다.

예를 들어 도요타 자동차의 결산서에 나오는 숫자를 살펴보자. 도요타 자동차의 2019년 3월말 연결 기반(그룹 회사 전체의 연결결산서) 매출액과 영업이익, 당기순이익은 각각 302조 2,560억 원과 24조 6,750억 원, 18조 8,280억 원이었다.

이 숫자를 연결 회사 전체의 사원 수(임시 고용도 포함)로 나누면 매출액 6억 4,990만 원, 영업이익 5,390만 원, 당기순이익 4,110만 원이다. 이 숫자가 많은지 적은지 계산해보자.

예를 들어 연봉 6,000만 원인 사람이라면 매출액은 그 11 배, 영업이익은 0.9배, 당기순이익은 0.68배다. '이익이 내 연 봉보다 낮다니, 괜찮은 건가?' 생각하는 사람이 있을지도 모른다. 젊은이들이 자동차에 관심을 보이지 않고 소유에서 공유 사회로 전환됨에 따라 도요타가 서비스형 모빌리티 시스템 Mobility as a Service, MaaS으로 과감하게 사업의 방향을 전환한 것도 이해할만하다. 참고로 예금잔액을 계산해보면 1인당 1억 26만 원이었다. 여러분의 예금과 비교해보면 어떤가?

사장의 눈으로 회사를 바라보다

1인당 결산서가 대화에 나오듯이 평가 제도로 사용될 가능성도 있다. 그러나 그보다도 '회사의 경영을 내 일처럼 생각하기', '경영자의 시점에서 생각하기' 위한 도구로 사용하는 것이 더 현명하지 않을까?

진정한 의미에서 개인의 결산서(자신이 벌어들인 매출액을 특정하고 급여 비용과 공통 경비의 부담분을 뺀 손익계산서)를 만들려면 급여 이외의 비용은 전부 배부계산이 필요하고 가정, 추정이나 조건식을 세세하게 결정해야 한다. 계산이 매우 복잡해지므로 현실적이지 않을 것이다.

평균적인 1인당 결산서를 만들고 '평균치도 벌어들이지 못하고 있구나. 더 열심히 일하자'라든가 '이렇게 매출과 이익이 적어도 괜찮은 걸까?' 생각하는 등 일하는 사람으로서 숫자 의식이 높아지고 업무 의욕이 상승한다면 만든 목적은 충분히 달성했다고 할 수 있다. 또한 사장이나 경영 간부와 직원들의 커뮤니케이션이 활발해진다면 더욱 성공적일 것이다.

마지막으로 한마디만 더 하겠다. 사원이 100명 미만인 중소기업이나 그 이상의 규모이기는 하지만 관리부에서 일하고 있는 사람은 회사 전체의 결산서를 전체 사원의 수로 나눈 1인당 결산서로 검토해야 한다. 하지만 부서가 세부적으로 나뉘어 있다면, 사업부별 결산서를 소속 사원의 수로 나눈 1인당 결산서를 만들어서 검토하는 것이 좋다. 그편이 더욱 친근하고 현실적인 숫자로 느껴질 것이다.

07

사장의
경영 성적표를
미리미리 관리하라

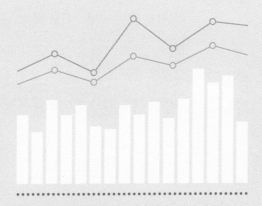

사장에게 '월차 결산'은 매우 익숙한 단어다. 경영 관리자에게 월차 결산은 매우 중요한 지표라서 이 것이 없으면 회사를 운영하기 어렵다고 한다. 직원 들은 월차 결산이 무슨 뜻인지 바로 이해하기 어렵 겠지만 말이다. 그렇게 중요한 월차 결산의 완성이 늦어지고 있어 문제인 상황이 있다. 월차 결산서 작성이 늦어지면 무슨 일이 생길까?

사장	요즘 들어서 월별 결산이 늦어지고 있네. 회계사님도 더 빨리 월별 결산을 마쳐야 한다고 말씀하시더군. 어떻게 생각하나, 경리 과장?
과장	외람된 말씀입니다만, 더 빨리 제출하기는 어렵습니다. 먼저 해결해야 할 다른 일들이 너무 많습니다, 사장님.
사장	자네의 사정도 이해하지만, 회사에 월별 결산은 매우 중요하다네. 월별 결산 없이 회사를 운영하는 건 지도 없이 망망대해를 헤매는 것과 다를 바가 없어.
과장	그렇게 말씀하셔도 실감이 잘 안 됩니다….
사장	그러면 회계사님께 이야기를 들어보도록 하세.

●

결산이 늦어지면
모든 업무가 마비된다

결산서는 회사 경영의 성적표다. 사장의 성적표라고도 할 수 있을 것이다. 전년보다 실적이 좋아졌는지, 1년 전보다 재정 상태가 안정되었는지 등을 알 수 있는 중요한 자료다.

월별 결산서도 마찬가지다. 연간 12회 작성하는 월별 결산서는 대화 속에서 사장이 말했듯이 회사가 어디를 어떻게 걸어가고 있는지 판단하기 위한 지도다. 자신이 지금 어디에 있는지 모르는 채로 걷고 있으면 불안할 것이다. 그럴 때면 스마트폰의 지도 앱을 켤 터인데, 현재 있는 곳을 즉시 표시해 주지 않고 "10일 후에 표시됩니다", "2주 후에 표시될 예정입니다"라고 나온다면 무슨 의미가 있겠는가.

월별 결산서도 마찬가지다. 다음 달 15일이나 20일이 지나서야 겨우 완성된다면 전혀 쓸모가 없다.

결산을 방해하는 근본 원인을 색출하라

월별 결산서가 당월 말 마감으로 익월 5일이나 6일쯤에 완성이 된다면, 전달의 실적이 어떠했는지 분석하고 이를 바탕으로 이달에는 어떤 수를 써야 할지 판단해 실행에 옮길 수 있다. 20일 후에 완성되어서는 의미가 없다.

왜 월별 결산서가 늦어지는 것일까? 경영자에게 물어보면 "우리 회사에는 경리 담당자가 한 명밖에 없어서… 특별히 능력이 대단한 친구도 아니고…"라고 말한다. 그것이 진짜 이유일까? 내가 보고 들은 경험에 기반을 두고 단언하는데, 경리 담당자의 탓이 아니다.

진짜 원인은 무엇일까? 그것은 현장의 담당자가 자료나 정보를 늦게 제출하기 때문이다. 예를 들면 이런 식이다.

- 영업 담당자가 당월 말 마감인 청구서를 거래처에 보낸 것이 익월 5
  일경. 재료 매입 담당자가 제조사로부터 받은 청구서를 경리 담당자
  에게 넘긴 것이 익월 6일경. 경리 담당자는 그것을 받은 뒤에 집계 작
  업에 들어간다.
- 외주 공사가 월내에 완료되어 고객에게 당월 말까지 청구서를 보냈
  는데, 외주 담당이 외주처와 도급 금액을 결정하는 것이 늦어지는 바
  람에 익월 10일경에야 외주처로부터 청구서를 받을 수 있었다.
- 야근수당의 청구일이 매월 말이기 때문에 급여 담당자가 수당을 계
  산해서 경리 담당자에게 보고하는 것은 5일 이후가 된다.
- 재고 조사를 매월 말에 하는 까닭에, 장부 수량과 실지 수량의 차이
  를 조정해 경리 담당자에게 숫자를 올리는 시기가 익월 10일 이후다.

이래서는 경리 담당자가 아무리 애를 써도 월별 결산서가
늦어질 수밖에 없다.

사장이 적극적으로 나서야 해결된다

나는 몇몇 회사에서 사장을 프로젝트 리더로 삼아 다음 달 5
일까지 월별 결산서를 작성하는 '월별 결산의 조기화' 프로젝
트를 시작했는데, 다음과 같은 개선책이 나왔다.

- 영업 담당자가 청구서를 월말까지 보낼 수 있도록 영업 프로세스를

재검토한다.

- 재료 매입 담당자가 납품을 받을 때 매입 계상을 할 수 있도록 발주, 검수 프로세스와 매입 시스템을 변경한다.
- 외주 담당자가 외주 공사를 발주할 때까지 도급 금액을 결정할 수 있도록 채산과 발주 방식을 표준화한다.
- 야근수당의 계산 프로세스를 재검토하고, 마감일을 25일로 바꾸는 동시에 월말까지 경리 담당자에게 연락하도록 변경한다(단 기말결산 만큼은 마감일을 변경하지 않았다).

사장을 리더로 삼으면 현장의 자세가 달라진다. 결산서가 빠르게 작성되자 각 현장의 업무 개선으로 이어졌고, 수익이 큰 폭으로 상승한 회사도 있었다.

일반적으로 '업무 속도'는 실무 능력과 비례한다. 가령 어떤 회사에서 상사가 "F와 B는 일을 참 빠르고 정확하게 한단 말이지…"라고 평가했다면 F와 B라는 사원의 실적 평가는 최고 등급이라는 의미일 것이다. 월별 결산의 조기화도 이와 마찬가지다. 월별 결산이 빠른 회사일수록 회사 전체의 실무 능력이 높게 평가되며, 예산 관리를 충실히 함에 따라 월별 결산(실적)이 나온 타이밍에 예산과 실적의 차이를 분석하고 즉시 개선책을 마련할 수 있다. 바람직한 회계 PDCA 사이클로 이어지는 것이다.

08

숫자에
강한 사장은
혁신의 주인공이 된다

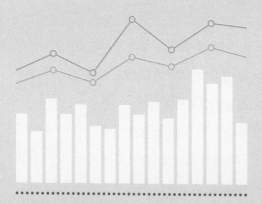

계속해서 변화하지 않으면 회사도 개인도 비즈니스의 현장에서 살아남기 어려운 시대다. 위대한 혁신의 순간에도 사장의 회계 마인드가 활약한다. 회계 마인드는 가장 합리적이고 지속가능한 비즈니스 모델을 약속한다. 따라서 회계 마인드를 소유한 사장은 성공적인 혁신을 주도한다. 회계 마인드가 혁신을 낳고 있는 현장을 소개한다.

사장	작년에 흑자를 냈지만, 매년 외줄을 타는 기분이네. 성장을 체감할 수 있는 확실한 대책이 필요한 상황이네. 자네 생각은 어떤가?
과장	현장도 그렇게 느끼고 있습니다. 피곤함보다는 성취감이 절실합니다.
사장	일단 돌파구가 될 아이디어를 모아보자고. 사원들의 생각을 모아보면 어떻겠나?
과장	그런 아이디어가 나올까요? 조금 비관적입니다. 아무리 회계사님이라도 이 문제에 대해서는 해결책이 없을 겁니다.
회계사	그렇지 않습니다. 회계 마인드를 무시하지 말아 주세요. 회계 마인드가 몸에 배면 상식의 벽을 돌파하는 아이디어가 떠오를 겁니다.

●

사장의 회계 마인드가 혁신을 일으킨다

진화론을 제창한 찰스 다윈Charles Darwin은 "강한 생물이 살아남는 것이 아니라 환경 변화에 적응한 생물이 살아남는다"라고 말했다. 이에 호응하듯이 동서고금의 성공한 경영자들은

"회사는 환경의 변화에 적응하고 스스로 끊임없이 변화해야 살아남을 수 있다"라고 말했다. 회사가 변화하기 위해서는 무엇이 필요할까? 그것은 혁신을 일으키는 것이 아닐까?

세상이 급변해도 회계 마인드는 유효하다

이노베이션innovation은 연구개발이나 첨단기술에서 탄생할 때가 많지만, 회사 업무의 모든 작업 공정이나 업무 관리 프로세스에서도 일어날 수 있다. 새로운 물건이나 서비스를 만들어 내려 노력하는 개선 활동이 중요하다. 과거에는 지하철역 개찰구에 역무원이 종일 서 있었는데, 지금은 자동 개찰이 일반화되면서 그 시절이 마치 거짓말처럼 느껴진다. 이것도 이노베이션이다. 또한 거래 상대까지 포함시킨 손익 구조나 현금흐름 구조의 이노베이션도 있고, 마케팅이나 물류, 배송 방법의 이노베이션도 있다.

기존 사업을 그만두고 완전히 새로운 사업에 도전하는 것도 가능하다. 쌀집을 그만두고 빵집으로 성공한 사례, 국숫집을 그만두고 이탈리안 레스토랑을 시작해서 성공한 사례 등을 최근에 주변에서 보고 들었는데, 이런 것도 틀림없이 이노베이션의 사례다.

다른 회사와의 협업에는 개방형 혁신, 다른 말로 오픈 이노베이션open innovation이라는 기법도 사용한다. 계속 자급자족

주의에 의지해서는 이 이상 성장할 수 없다는 대기업의 초조함에서 탄생한 발상이라고 생각한다. 실제로 대기업과 스타트업이 손을 잡고 공동 개발하는 사례가 매우 많아졌다.

또한 이노베이션은 경영층뿐만 아니라 다양한 직급, 다양한 현장에서 일어난다. 오히려 수직적인 계급 구조가 방해되어 이노베이션이 일어나지 못하는 사례도 많으므로 가급적 상하 관계가 유연한 수평적 조직이 이노베이션에 적합하다고 할 수 있을 것이다. 이노베이션의 사례를 소개한다.

- 제조업에서는 잘 팔리는 상품만을 만들기 위해, 즉 팔리지 않는 상품을 만들지 않기 위해 AI를 사용해 수요를 예측하고 상품을 기획·제조하고 있다. 이것도 이노베이션이다. 이것은 최소 비용으로 최대 효과를 이끌어내고자 하는 회계 마인드와 잘 맞는다.
- 서비스 품질이 떨어지지 않도록 주의하면서 실시하는 무인화도 이노베이션이다. 예를 들어 소매업이나 음식점의 계산 업무를 무인화할 수 있다면 상당한 비용 절감을 꾀할 수 있다. 또한 소매업에서 상품에 무선인식Radio Frequency IDentification, RFID 태그를 붙여 놓으면 이것을 사용해 계산대를 무인화할 수도 있고, 현재 상당한 시간을 들이고 있는 재고 조사 시간을 대폭 단축할 수도 있다. 이것은 전부 인건비 절감에 기여한다.
- 편의점 업계에는 미국의 아마존고처럼 카메라와 AI를 활용한 무인

형 편의점이 등장했다. 중국에서도 이런 점포가 늘어날 것으로 전망된다는 보도가 있었다. 이렇게 되면 인건비가 거의 불필요해진다.

• 은행을 경유하지 않는 송금이나 현금을 사용하지 않는 캐시리스 결제, 발행 주체가 없는 가상화폐 등이 서서히 생활 속에 파고들고 있다. AI와 디지털 화폐, 블록체인 기술을 사용하면 지금까지 사람의 손에 의존했던 융자 업무나 관리 업무를 자동으로 할 수 있게 되어 인건비를 억제할 수 있다.

• 손해보험의 가입 방식도 달라진다. '이번 달에는 자동차의 시동을 건 시간이 1분이므로 자동차 보험료는 800원'인 서비스가 실현될 것이다. 필요한 것을 필요한 때에 필요한 만큼만 살 수 있는 세계가 가까운 미래에 찾아오고 있다. 이것이야말로 회계 마인드 그 자체다.

• GPS 기능과 각종 센서를 장비한 사물 인터넷 단말기로 건설 기기를 바꾸면 가동률과 보수 관리의 정밀도를 향상시킬 수 있다. 또한 수집한 정보로 각 시장의 경기 동향을 실시간으로 파악할 수 있다. 노동자의 인건비 절감과 채산성 향상을 꾀할 수 있다.

지금까지 살펴본 사례는 극히 일부에 불과하다. 이보다 훨씬 많은, 온갖 현장에서 다양한 변혁이 일어나려 하고 있다. 대규모 농장의 무인 트랙터 주행, 로봇을 사용한 원격의료, 입체형 무인 자동 창고, 자율주행 자동차, 토목공사 현장의 무인화 등 사례를 나열하려면 한도 끝도 없는데, 이런 이노베이션도 전부 회계 마인드와 연관이 있다.

회계 마인드 없이 혁신은 일어나지 않는다

혁신은 강한 의지가 없으면 일어나지 않는다. 이때 강한 의지를 뒷받침하고 판단 기준이 되는 것이 바로 회계 마인드다. 나는 회계 마인드 없이 혁신은 일어나지 않는다고 생각한다.

회계 마인드를 어떻게 이노베이션에 활용해야 할까? 먼저 연구 개발, 디자인, 기술, IT를 활용해서 이노베이션 프로젝트 비용을 산출한다. 예컨대 '매출액의 5퍼센트를 이노베이션 비용으로 사용한다'고 결정한 뒤 회사 전체에 공표한다.

사원은 어떻게 이노베이션을 추진해야 할까? 예를 들어 소속된 부서에서 결정된 경비(예산의 금액)를 연간 10퍼센트 절감하고, 절감한 금액을 이노베이션을 일으키는 데 사용하자는 목표를 세워보는 건 어떨까? 사원의 의욕을 극대화하려면 관리자의 노력이 필요하다. 모든 사원의 이노베이션 아이디어를 모아 목표를 세운다면 회사 구성원 전반의 노동 의욕도 높아지지 않을까? 이런 의욕이 중요하다고 생각한다.

회사에 새로운 비전을 제시하는 이노베이션의 순기능은 '어떤 새로운 시장을 개척할 생각인가?', '어느 정도의 매출을 벌어들이는가?', '현재 들어가고 있는 인건비 등을 어느 정도 절감하는가?'에 대한 긍정적인 답안을 들려주는 데 있다. 비전을 제시할 수 없는 프로젝트라면 그 결과를 이노베이션이라고 부를 수 없지 않을까?

프로젝트 과정에서 상세한 계획을 세우고, 실행한 뒤에 결과를 평가하며, 반성하고 개선해 실행하기를 반복해야 한다. 프로젝트를 평가하고 개선할 때는 회계 마인드, 특히 수치를 활용한 핵심성과지표Key Performance Indicator, KPI가 진척 관리와 평가에 크게 공헌한다. 이런 과정을 꾸준히 반복하는 것이 이노베이션을 실현하기 위한 필수조건이다. 부디 몇 년 후에 (아니, 내년이나 다음 달이어도 좋다!) 업계에 이노베이션을 일으키기 바란다. 행운을 빈다!

회계라는 안전벨트를 매고
새로운 부를 창출하라

이 책을 끝까지 읽어주신 독자 여러분에게 감사의 인사를 전한다. 비즈니스 현장에서 회계 마인드가 얼마나 중요하며 업무 성과를 올리는 데 효과적이고 실질적인 역할을 하는지 이해했으리라 믿는다. 이 책은 현장의 모든 비즈니스맨을 위해 쓰였지만, 이 책을 읽은 당신이 사장이라면 특히 많은 것을 얻고 깨달았으리라 생각한다.

이 책에는 내가 지금까지 기업의 현장에서 수없이 반복적으로 이야기해 온 것들이 정리되어 있다. 현장 사람들에게 "좀 더 회계 마인드를 발휘하면서 일합시다!"라고 끈질기게 이야기한 결과 그들의 생각이 변화하고 성과가 나타난 사례를 수없이 경험했다.

내 충고를 듣고, 회계 마인드를 경영 원리로 삼은 사장들은 놀라운 성과를 거두었다. 그들은 숫자에 근거해 생각했고, 일의 효율과 속도를 올리는 나름의 업무 기술을 만들었다. 자본과 생산성에 대해 다시 생각할 수 있었고, 매출 성장과 더불어 실속 있는 이익을 챙길 수 있었다.

기적에 가까운 결과를 만드는 회계 마인드

사업 계획을 세울 때 '매출' 항목에만 집중한 회사가 있었다. 사장은 회계 지식이 전혀 없었고, 임직원 역시 마찬가지였다. 사장이 마음을 고쳐먹고 회계 마인드를 도입해 새롭게 경영의 틀을 마련했다. 사장은 일단 월별 결산일을 당겨 시스템 전반을 정비했고, 단기간에 회사의 이익이 열 배 증가했다. 어떻게 그런 일이 가능했을까?

이 모든 것은 사장을 비롯한 임직원 모두가 회계 마인드를 가지고 업무에 임했기에 가능한 결과였다.

결산일을 앞당긴 사장의 용단에 박수를 보낸다. 본문에서도 이야기했지만, 경리부가 월별 결산서를 일찍 만들기 위해서는 다른 부서의 협력이 필요하다. 회사 전체를 끌어들여 결산서를 만드는 과정을 전부 재검토한 결과, 숫자에 대한 사원들의 의식이 높아져서 성과가 나타난 것이다.

앞서 언급한 회계 PDCA가 긍정적으로 기능할 때 바로 이런 효과를 얻을 수 있다. 당신의 회사는 회계 PDCA를 활용하고 있는가? 여전히 대다수 직원이 회계 마인드를 갖는 것에 거부감을 가지고 있지 않은가? 회계 교육에 사장인 당신은 이익의 얼마만큼을 투자하고 있는가? 스스로 점검해보기 바란다.

회계 마인드가 현장을 강하게 만든다

간단한 실천으로 성과를 낼 수 있으니 이 책에서 내가 강조한 것들을 믿고 따라 줬으면 하는 바람이다. '회계'라든가 '숫자'에 대한 여러분의 저항감이 얼마나 뿌리가 깊은지도 알고 있다. 숫자만 보면 골치가 아프고, 무력감이 밀려온다는 사람들도 적지 않다.

애초에 회계와 관련이 없는 부서에서 일하고 있다면 굳이 회계나 부기를 공부할 생각이 들지 않을 것이며, 무미건조한 숫자가 나열되는 회계는 아무래도 따분하게 느껴질 수밖에 없다. 가능하면 회계와는 인연이 없는 채로 살고 싶다고 생각하는 심리도 지극히 자연스러운 것이다.

그러나 하고 싶은 것만 하고 살 수는 없다. 제일 하기 싫은 것을 했을 때 눈에 띄게 성장하는 것이 평범한 인간이다. 성장에는 언제나 고통이 수반된다. 사춘기 시절의 성장통을 떠올려보라. 그 시절의 고통을 참고 인내해야 마침내 성인이 될 수 있다.

회계도 마찬가지다. 사실 알고 보면 회계는 그렇게 어렵거나 괴로운 것도 아니다. 초등학교 수준의 사칙연산만 할 수 있으면 누구나 회계 마인드를 가질 수 있다. 피하지 않고 자기 것으로 만들려는 의지가 중요하다.

회계를 이해하지 않으면 언젠가 곤란해질 것 같다고 느끼는 사람도 늘고 있는 듯하다. 이것이 현실이다. 빠르게 효율적으로 성과 낼 것을 요구받는 오늘날에는 숫자 감각, 회계 마인드가 필수 교양으로 자리 잡고 있다. 시대에 뒤쳐질 것인가, 업무 최강의 무기인 회계 마인드를 장착하고 앞서 나갈 것인가? 결정은 여러분의 몫이다.

매일 반복되는 업무에 회계 마인드를 도입하면 프레젠테이션의 설득력이 높아지고, 목표 달성에 대한 의욕도 상승할 것이다. 현장의 사원들이 회계 마인드를 발휘해서 성과를 올린다면 조직 전체도 강해질 것이다. 회계 마인드가 업무 현장에서 어떤 기적으로 나타날지는 사장인 당신의 손에 달려 있다. 행운을 빈다.

ACCOUNTING
FOR
THE BO$$

옮긴이 김정환

건국대학교 토목공학과를 졸업하고 일본외국어전문학교 일한통번역과를 수료했다. 21세기가 시작되던 해에 우연히 서점에서 발견한 책 한 권에 흥미를 느끼고 번역의 세계에 발을 들여, 현재 번역 에이전시 엔터스코리아 출판기획 및 일본어 전문 번역가로 활동하고 있다.

경력이 쌓일수록 번역의 오묘함과 어려움을 느끼면서 항상 다음 책에서는 더 나은 번역, 자신에게 부끄럽지 않은 번역을 할 수 있도록 노력 중이다. 공대 출신의 번역가로서 공대의 특징인 논리성을 살리면서 번역에 필요한 문과의 감성을 접목하는 것이 목표다. 야구를 좋아해 한때 imbcsports.com에서 일본 야구 칼럼을 연재하기도 했다. 옮긴 책으로는 《수학은 어떻게 무기가 되는가》《구글을 움직이는 10가지 황금률》《이익을 내는 사장들의 12가지 특징》《경영전략의 역사》《일을 잘 맡긴다는 것》등이 있다

사장을 위한 회계

초판 1쇄 발행 2020년 10월 19일
초판 3쇄 발행 2020년 11월 17일

지은이 야스모토 다카하루
펴낸이 정덕식, 김재현
펴낸곳 (주)센시오

출판등록 2009년 10월 14일 제300-2009-126호
주소 서울특별시 마포구 성암로 189, 1711호
전화 02-734-0981
팩스 02-333-0081
전자우편 sensio0981@gmail.com

기획·편집 이미순, 심보경   **외부편집** 박은영
마케팅 허성권   **경영지원** 김미라
본문디자인 유채민   **표지디자인** Design IF

ISBN 979-11-90356-81-7 03320

소중한 원고를 기다립니다. sensio0981@gmail.com